Le sceau des Médicis

Premier épisode

L'apprenti de Léonard de Vinci

Dans la même série :

L'espion des Borgia

Titre original : *The Medici Seal*

First published by Random House Children's Books,
a division of The Random House Group Ltd (London)
Cet ouvrage a été réalisé par les Éditions Milan
avec la collaboration de Flore Négroni et Claire Debout.
Création graphique : Bruno Douin
Mise en page : Petits Papiers
Pour l'édition française :

300, rue Léon-Joulin, 31101 Toulouse Cedex 9, France
ISBN : 978-2-7459-2577-0

Loi 49-956 du 16 juillet 1949
sur les publications destinées à la jeunesse
www.editionsmilan.com

THERESA BRESLIN

Le sceau des Médicis

Premier épisode
L'apprenti de Léonard de Vinci

Traduit de l'anglais
par Pascale Poulain

MILAN POCHE
HISTOIRE

Italie - XVIᵉ siècle

Première partie

L'assassinat

Italie
province de Romagne, été 1502

CHAPITRE 1

Le premier coup, porté à la tête, me fait tituber et presque tomber à terre.

Sandino s'avance vers moi en enjambant l'homme qu'il vient d'assassiner sous mes yeux. Maintenant, il veut me tuer.

Je recule et trébuche.

D'un coup sec, il me plante son gourdin dans le ventre.

Courbé en deux, je me dirige vers les rochers pour tenter de fuir. L'air contrarié, il me poursuit en grognant.

Je regarde désespérément autour de moi. En contrebas, on entend gronder les flots tumultueux de la rivière.

Sandino me lance, en ricanant :

– Tu ne m'échapperas pas, mon garçon.

Il lève le bras.

D'un brusque mouvement de tête, je m'écarte pour éviter un nouveau coup de gourdin. Mes pieds glissent sur le sol mouillé.

Il pousse un juron.

Je tombe.

Le contact de l'eau glacée me saisit.

Le courant me fouette le corps, agrippe mes vêtements, tire mes jambes vers le fond. Je vais me noyer mais je lutte pour remonter à la surface. Les battements de mes bras ne peuvent rien contre la violence du remous ; me voici projeté en avant, happé par la rivière qui veut m'engloutir. Je dois à tout prix atteindre la berge.

Mais je me sens faiblir et je suis incapable de garder la tête hors de l'eau.

Un bruit me remplit soudain de terreur : une cascade !

Le bruit devient plus fort ; le courant, plus rapide. Quelques secondes me séparent de la mort. Dans un dernier effort, je lance les bras en l'air et j'appelle au secours. Projeté par-dessus la chute d'eau, je retombe dans l'écume du torrent.

Une masse d'eau bouillonnante gronde autour de moi, me martèle le corps et m'entraîne vers le fond. Pris dans ce tourbillon, je n'arrive pas à me dégager. Je vais mourir. Je tourne la tête vers la surface, la bouche tordue, je cherche désespérément l'air. L'eau trouble ma vue : je vois toutes les couleurs de l'arc-en-ciel. Au-delà, c'est la lumière et la vie. Mes yeux chavirent, ma tête va exploser.

Maintenant j'ai l'impression de me voir de très haut, comme si mon esprit contemplait mon corps depuis un autre monde. Ayant quitté cette Terre pour d'autres horizons, je regarde les efforts désespérés de ce garçon de dix ans qui, dans sa lutte contre la mort, cherche à s'accrocher à quelque chose. Il tente de reprendre sa respiration. Il suffoque.

Soudain la lumière éclate et se brise : c'est le noir complet.

CHAPITRE 2

Deux mains m'agrippent par la tête.

Je ne vois rien, n'entends rien, je ne sens rien non plus. Mais je me rends bien compte que quelqu'un est en train de me toucher. De longs doigts passent sous mon menton, appuient sur mon front. Une bouche vient se poser sur la mienne, très doucement ; elle recouvre mes lèvres et m'insuffle la vie dans un baiser.

J'ouvre les yeux. Un homme, penché au-dessus de moi, me regarde.

– Je m'appelle Léonard de Vinci*, dit-il. Mes compagnons t'ont tiré de la rivière.

Il rajuste les plis du manteau dont je suis enveloppé.

La couleur du ciel, d'un bleu froid, me fait mal à la tête.

– Comment t'appelles-tu ? me demande-t-il.

– Matteo, dis-je dans un souffle.

– Matteo.

Sa voix s'enroule autour de chaque syllabe.

– C'est un joli nom.

Les traits de son visage se troublent. Je tousse, je vomis de l'eau et du sang. Je me mets à pleurer :

– Je vais mourir.

Il m'essuie les joues de sa main.

– Non, me répond-il. Tu vas vivre, Matteo.

CHAPITRE 3

Il m'appelle Matteo.

Bien qu'à moitié mort, j'avais eu la présence d'esprit de ne pas révéler ma véritable identité et Matteo a été le premier nom à s'offrir à moi.

À partir de là, à peu près tout ce que je lui ai dit à mon sujet était faux.

Après mon sauvetage, lui et ses deux compagnons firent un petit feu près de la rivière afin de me sécher. J'aurais voulu m'éloigner davantage de cet endroit mais je n'avais pas le choix. Sandino m'avait à moitié assommé et je tenais à peine debout. Ils m'enveloppèrent dans un manteau doublé de fourrure et m'installèrent près du feu. En cette fin d'été, il ne faisait pas très froid, mais les jours raccourcissaient et le soleil déclinait sur l'horizon.

– *Zingaro* ? demanda le plus gros des deux en alimentant le feu.

Ce mot désignait les bohémiens.

Avant de fermer les yeux, je vis que celui qui s'appelait Léonard regardait dans ma direction.

– Il a bien l'allure de ces gens-là et pourtant… commença-t-il.

Le troisième homme, qui m'avait prêté le manteau sur lequel j'étais couché, dit en secouant la tête :

– Il doit faire partie d'un groupe faisant route vers le sud. Désormais, on interdit aux nomades d'entrer dans la ville de Milan : on les accuse de commettre des vols et de chercher querelle à tout le monde.

– Il y a un campement de bohémiens à Bologne, avança le gros, pas très loin d'ici.

Les gens de ma tribu avaient en effet prévu de passer l'hiver à Bologne. Si ces hommes me prenaient pour un bohémien, ils m'emmèneraient là-bas. Alors, on me reconnaîtrait, on m'offrirait l'hospitalité et on me proposerait de rester. Mais je ne voulais pas aller à Bologne. Sandino m'y chercherait d'abord s'il croyait que j'avais une chance d'avoir survécu. D'ailleurs, peut-être y avait-il déjà envoyé quelqu'un. Je frissonnai en me rappelant le coup de gourdin qui m'avait fait tomber à l'eau.

Léonard, l'homme qui m'avait sauvé la vie, prit la parole :

– Ce garçon est malingre. Nous saurons bientôt s'il est un de ces proscrits, nous le lui demanderons quand il aura recouvré ses esprits.

Je ne devais donc pas parler de mes origines. Ces hommes pouvaient sans doute se montrer charitables envers un garçon sauvé *in extremis* de la noyade, mais on sentait bien qu'ils avaient un préjugé contre ma communauté.

Dans de nombreux pays, on connaît bien les nomades. Nous avons la réputation d'être de bons maréchaux-ferrants, d'excellents vanniers et des ferronniers expérimentés ; nous savons aussi prédire l'avenir. Ce don est suspect, mais si on le lui demande et si on le paie en échange, un bohémien parvient facilement à deviner le destin d'une personne.

Ma grand-mère excellait dans ce genre d'exercice. Elle pratiquait l'art de la conversation, autrement dit elle laissait son interlocuteur lui raconter des choses sur lui-même. Elle adaptait ses conseils à la situation, comme on taille un costume sur mesure. Elle comprenait les souffrances du corps et celles de l'esprit et se préoccupait des éternels maux de l'humanité : l'amour non partagé, la solitude ou la peur de vieillir.

Mais ma grand-mère était surtout une véritable guérisseuse. Beaucoup venaient la voir pour obtenir des remèdes. Elle devinait toujours ce qui n'allait pas, sans recourir au surnaturel ; pour elle, c'était aussi simple que d'étudier le ciel pour prédire le temps, ou de regarder les arbres pour savoir quelle était la saison. Il lui suffisait d'observer et d'interpréter ce qu'elle voyait.

Une personne au blanc des yeux jaune souffrait du foie ou des reins et devait boire des infusions de persil pour purifier le sang. À quelqu'un se plaignant de troubles du sommeil et d'anxiété, elle recommandait des infusions de camomille et le lait juteux d'une laitue comme sédatif. Elle devinait la stérilité d'une femme à l'aspect de son cou : une peau sèche, ou avec des plis, montrait qu'elle ne pouvait pas avoir d'enfant. De ce fait, la femme avait le plus grand respect pour ma grand-mère qui avait tout de suite compris pourquoi elle était venue la voir ; elle repartait pleine d'espoir, avec une purge à base de rue[1] et de baies de genièvre pour dégager les voies utérines.

Souvent les jeunes filles cherchaient un moyen de connaître le nom de leur bien-aimé. On leur donnait des tiges d'achillée[2] à placer sous leur oreiller. Il leur fallait aussi réciter ces paroles avant de s'endormir :

Par les sabots de Vénus, tu dois t'épanouir,
Toi, herbe dont le véritable nom est achillée,
Permets-moi de rêver à mon bien-aimé,
Avant que demain je ne m'éveille.

Ma grand-mère connaissait bien d'autres coutumes paysannes.

1. Plante médicinale méditerranéenne.
2. Autre plante médicinale.

Elle savait aussi quand elle allait mourir car elle n'ignorait pas comment devait battre un cœur et le sien faiblissait.

Ces « divinations » ne requéraient aucun don particulier – sauf si l'on considère le fait de ne pas être stupide comme un don en soi. Mais ce genre de savoir-faire suscite la jalousie. Nous ne restions donc jamais longtemps au même endroit. Dans les villes, les corporations et les marchands n'aimaient pas la concurrence. Leur haine était telle que, sans même avoir été reconnu coupable, le simple fait d'être bohémien signifiait à lui seul la mort.

Alors je décidai de mentir. Tout en observant les trois hommes les yeux mi-clos, j'imaginai l'histoire que j'allais leur raconter.

Mes sauveteurs n'étaient pas des mercenaires car ils ne portaient pas d'armes. Ils avaient des chevaux robustes, peu faits pour la vitesse ou la parade mais parfaits pour parcourir de longues distances. Ils n'avaient pas d'équipement pour la chasse ; le fromage, le pain, les fruits et le vin constituaient leur alimentation de base. Ils devaient voyager tous les jours et s'arrêter le soir dans un gîte.

Quel était leur but ? Leurs sacoches, volumineuses, ne contenaient pas de marchandises ni d'étoffes mais des livres et des manuscrits. Pourtant ces hommes n'étaient ni des marchands ni des commerçants et le rang social semblait sans importance pour eux. Ils paraissaient très libres entre eux, mais ils se montraient très respectueux envers Léonard de Vinci.

Depuis le début, je l'appelais « maître ». Plus tard, l'un de ses compagnons me corrigea en me demandant d'utiliser le terme de « messire », marque d'un plus haut statut social. Mais cette fois-là, le maître l'interrompit :

– Si le garçon préfère m'appeler maître, pourquoi pas ? Si ça lui fait plaisir.

Dans mon esprit, il est toujours le maître.

CHAPITRE 4

Il était midi passé et ils se réchauffaient près du feu.

Ils sortirent de quoi manger de leur sac ; le gros, prénommé Graziano, vit que j'étais réveillé et me proposa de la nourriture. J'eus un mouvement de recul. Le maître tendit le bras et me pria de m'approcher de lui. Je fis non de la tête.

– Alors nous allons attendre.

Il mit son repas de côté et prit un livre.

Ses deux amis parlaient à voix basse. Ils avaient posé leur nourriture sur l'herbe. J'avais très faim. L'eau de la rivière m'avait glacé jusqu'aux os. Alors je vins m'asseoir près du feu.

Le maître posa son livre et m'offrit un morceau de pain.

– Nous avons l'habitude de prendre nos repas tous ensemble.

Je me tournai vers ses compagnons qui bavardaient entre eux ; ils me donnèrent à manger et à boire comme si j'étais leur égal.

– Nous devrions nous mettre en route, conseilla Graziano, si nous voulons arriver avant la nuit.

– Ta famille vit-elle près d'ici ? me demanda le maître.

– Je n'ai pas de famille. Je suis orphelin. Quand je peux trouver du travail, je suis garçon d'écurie ou je fais les moissons.

J'avais préparé mes réponses pour parler sans hésitation.

– Où travailles-tu ? On va sans doute te chercher à la tombée de la nuit ?

Je secouai la tête.

– Non, on pensera que je suis parti… Et c'est d'ailleurs ce que j'ai fait, m'empressai-je d'ajouter. Ils me battaient, me donnaient des coups de pied et me laissaient mourir de faim. Je vais chercher une autre place.

– En effet, on voit que tu es resté un moment sans manger, constata l'homme le plus maigre.

Il montra en riant la grande quantité de pain que j'avais avalée.

Je rougis et laissai tomber mon quignon.

– Tais-toi, Felipe ! gronda son maître. Tu vois bien que ce garçon a faim.

Le maître ramassa le pain et me le donna :

– Tiens, mange. Felipe plaisante.

– Les garçons comme lui ont toujours faim, ajouta Felipe d'un air sombre.

Comme je l'appris par la suite, Felipe était responsable du ravitaillement ; il tenait les comptes et s'assurait que le maître et son entourage ne manquaient de rien.

– Veux-tu nous accompagner jusqu'à notre prochaine étape ? proposa le maître alors qu'ils se préparaient à partir.

– Où ça ?

– On traverse le pont en aval de la rivière et on remonte de l'autre côté jusqu'à un endroit appelé Perela.

J'essayai d'imaginer ce que Sandino faisait en cet instant. Sans doute cherchait-il à me retrouver, non pour savoir si je m'étais noyé mais pour récupérer l'objet précieux qu'il m'avait forcé à voler.

Il était arrivé au camp des bohémiens quelques mois auparavant, après l'enterrement de ma grand-mère. D'aussi loin que je me souvienne, elle et moi avions toujours sillonné les routes ensemble. Elle était toute ma famille, ma mère étant morte peu après ma naissance et mon père, inconnu. Le plus souvent, nous nous tenions à l'écart des autres. Aux premiers jours de sa maladie, elle amena sa roulotte dans un camp situé au nord de Bologne, pour m'éviter de me retrouver seul à sa mort. Sandino avait revendiqué des liens de parenté avec ma grand-mère ; mais comme elle n'était plus là, je n'eus aucun moyen de le vérifier. J'avais suivi Sandino car il me promettait de mener une vie de corsaire – la description qu'il en faisait m'enthousiasmait et naviguer sur l'océan me séduisait. Mais il n'avait pas vraiment l'intention de m'emmener à bord d'un bateau. J'étais doué pour forcer les serrures et Sandino comptait bien utiliser mes compétences. Selon lui, j'étais la personne idéale et cela d'ailleurs se vérifia en partie. À une différence près : au lieu de lui remettre l'objet que j'avais volé pour lui, je le portais encore sur moi.

Aussi avais-je peur que Sandino descende la rivière dans l'espoir de le récupérer sur moi, mort ou vif. J'ignorais quelle distance j'avais parcourue. La rivière, gonflée par les pluies, était en crue et le courant, fort. J'avais dû m'éloigner de quelques lieues. Ne disposant pas de chevaux, Sandino et ses hommes devraient faire le chemin à pied : ils passeraient certainement du temps à rechercher mon corps le long des berges. Avec un peu de chance, Sandino penserait que j'avais été emporté jusqu'à la mer, ou que j'avais échoué quelque part dans les roseaux, mangé par les anguilles. Et s'il me supposait vivant, Sandino ne me croirait pas revenu sur mes pas. Mes sauveteurs étant à cheval, j'irais beaucoup plus vite. Je décidai donc de partir avec eux et de les quitter quand il n'y aurait plus de danger.

– Nous devrions être à Perela avant la nuit, estima Graziano.

– Nous logerons au château. On voudra sûrement bien donner à manger à un garçon comme toi susceptible d'aider aux écuries, remarqua Felipe en s'adressant à moi.

Le maître tendit le bras et posa sa main sur mon front. Ses doigts étaient admirablement fins et sa façon de me toucher, douce.

– Tu es encore à moitié assommé. Nous devrions te hisser sur l'un de nos chevaux. D'accord, Matteo ?

J'acquiesçai d'un signe de tête.

– Borgia sera-t-il là pour parler avec vous ? lui demanda Felipe.

Le maître haussa les épaules.

– Qui peut savoir où se trouve Le Valentin en ce moment et où il sera demain ? N'est-ce pas le propre d'un chef militaire comme lui de ne jamais permettre à qui que ce soit de le localiser ? Tel un serpent, il frappe, puis disparaît pour réapparaître ailleurs, au moment où l'on s'y attend le moins.

Pour la première fois, je les entendais parler du prince César Borgia*, plus connu sous le nom du Valentin. La famille Borgia* était célèbre à travers l'Europe. Rodrigo Borgia était pape et dirigeait l'Église sous le nom d'Alexandre VI. Cet homme malfaisant et ses enfants bâtards, les infâmes César et Lucrèce, comptaient étendre leur domination sur toute l'Italie. Alexandre venait de marier sa fille à l'héritier du duc de Ferrare.

J'avais assisté à la célébration de ce mariage à Ferrare où Sandino m'avait envoyé. On avait organisé à cette occasion des réjouissances pour la population et les voyageurs de passage dans la ville. Cependant, tout le monde n'était pas bien disposé envers Lucrèce et on la considérait comme une femme déloyale ; son père, le pape, avait payé une dot très importante au duc d'Arcole pour l'unir au fils aîné de celui-ci, Alphonse, le futur duc de Ferrare. En circulant dans la foule le jour de la cérémonie, j'avais entendu des murmures et des sifflets.

Une femme avait tourné en dérision le cadeau du roi de France à Alphonse :

– Avez-vous remarqué le portrait de Marie Madeleine sur le nouveau bouclier offert au duc ? N'était-ce pas aussi une femme aux mœurs légères ?

Des rires avaient fusé mais certains avaient regardé avec inquiétude par-dessus leur épaule de peur d'avoir été entendus. Car la vengeance des Borgia pouvait être terrible. Cependant, l'ambiance était aux réjouissances et les quolibets avaient repris de plus belle.

Au passage du cortège, une rumeur s'était propagée d'un bout à l'autre de la place : « Que le futur marié n'oublie pas de prier le ciel, qu'il lui soit donné de vivre plus longtemps que le précédent mari étranglé sur ordre du frère de Lucrèce. »

Je venais donc de découvrir que les hommes avec lesquels j'avais décidé de voyager connaissaient personnellement César Borgia.

Nous traversâmes la rivière sur un petit pont de pierre et nous tournâmes en direction de Perela. Ce passage devait être très fréquenté car de nombreuses traces de sabots recouvraient le sentier reliant la rivière à la route. Le maître m'avait installé sur le devant de sa selle ; toujours enveloppé dans le manteau de Felipe, je pris soin de cacher mon visage au moment où il montra au garde en faction sur le pont son laissez-passer signé de la main de César Borgia.

En chemin, j'avais eu le temps de penser à Sandino. Je ne devais pas m'enfuir à la première occasion car, en plus de contrôler la ville de Bologne, il enverrait ses espions sur les principales routes de la région. J'avais appris que les Borgia le payaient pour faire leur sale besogne. J'avais tout intérêt à suivre mes sauveteurs jusqu'au château de Perela ; Sandino ne viendrait jamais me chercher dans l'un des bastions des Borgia. Du moins le croyais-je.

CHAPITRE 5

Nous étions à Perela depuis plusieurs jours quand, un soir après dîner, le maître me fit signe d'approcher près du feu où il était assis. Il posa son luth et engagea la conversation :

– Voudrais-tu nous raconter ton histoire, Matteo ? Nos hôtes seraient heureux d'entendre ce qu'il advint le jour où tu faillis te noyer.

Nous avions été très bien accueillis par le commandant de la forteresse, le capitaine Dario Dell'Orte et sa famille. Cette hospitalité, nous la devions selon moi plus à la gentillesse de nos hôtes et à leur simplicité qu'au sauf-conduit de mon maître délivré par les Borgia.

Perela était un tout petit village, avec une imposante forteresse située sur une colline, une ferme et, çà et là, une ou deux maisons. D'un côté, cette forteresse dominait une gorge : le terrain descendait en pente sur quelques centaines de pas jusqu'à un ravin en contrebas. Au rez-de-chaussée se trouvaient les cuisines et au premier étage, la grande salle où toute la famille prenait ses repas et vivait le jour. Au-dessus, il y avait des chambres : celles du capitaine et de ses proches, deux ou trois pièces pour les hôtes dans lesquelles logeaient le maître et ses deux compagnons, et un cabinet de travail où le maître pouvait ranger ses livres et son matériel. Les domestiques du château, peu nombreux, dormaient dans les cuisines et à peu près une douzaine d'hommes en armes disposaient d'un cantonnement au-dessus des écuries. On me donna un matelas et je m'installai dans le grenier.

En chef militaire rusé, César Borgia avait compris que la situation de Perela, entre Bologne et Ferrare, en faisait une véritable place forte. En mars 1500, César avait été fait gonfalonier[1] de l'Église et capitaine général des armées du pape, avec pour consigne de conquérir ces parties de la Romagne[2] qui avaient échappé à la papauté. Mais il ne rêvait pas seulement de faire respecter l'autorité de l'Église dans les régions appartenant déjà au Vatican ; il désirait aussi s'emparer du reste car l'Italie était parsemée de cités importantes et riches telles Ferrare, Imola, Urbino, Ravenne et Bologne. Au cours des deux années pré-

1. Au sens propre, celui qui porte l'étendard ou le drapeau. Le terme désigne aussi, de façon dérivée, le représentant honorifique de certains États ou de certaines puissances.
2. Région d'Italie comprenant Bologne et Ferrare dans la plaine du Pô.

cédentes, ces villes étaient tombées les unes après les autres aux mains de Borgia. Ainsi Le Valentin avait-il assis son pouvoir sur l'ensemble de la péninsule : l'Italie était prise à la gorge. Comme il voulait mettre ces villes à l'abri d'éventuelles attaques, il fallait les inspecter les unes après les autres et renforcer leurs fortifications. D'où la présence à Perela de Léonard de Vinci, l'ingénieur en titre des Borgia.

Blessé au dos quelques années auparavant, le capitaine Dario Dell'Orte ne pouvait plus chevaucher des heures durant. Il avait donc été nommé commandant de la forteresse. Il y était arrivé écœuré, nous confia-t-il, se préparant d'avance à y finir ses jours dans l'ennui et la tristesse. Pourtant un événement inattendu s'était produit.

Bien que d'un âge mûr, il s'était épris d'une jeune fille du village prénommée Fortunata et, à son grand étonnement, ce fut réciproque. À l'en croire, les années passées là avaient été les plus belles de sa vie. Le couple vivait heureux avec ses quatre enfants. Paolo, le fils aîné, un grand garçon d'un naturel aussi gai que son père, était à peine plus âgé que moi. Après lui, venaient ses deux sœurs, nées le même jour, l'une plus extravertie que l'autre, comme souvent chez les jumeaux ; elles avaient à peu près mon âge. Enfin le petit dernier s'appelait Dario comme son père.

Toute la famille nous accueillit chaleureusement et on me traita en véritable invité. Je n'eus aucune tâche particulière à accomplir. Les enfants voyaient en moi un nouveau compagnon de jeu : pour Paolo, je représentais le camarade idéal pour pratiquer la joute et la lutte. Il semblait ravi de mon arrivée. Aussi se lia-t-il tout de suite d'amitié avec moi ; et malgré mon caractère renfermé, il voulut que je l'accompagne lors de ses exercices d'entraînement. Quand j'eus assez de force pour me tenir debout, les filles me tirèrent par le bras pour jouer avec elles. Paolo s'y opposa fermement mais gentiment. Il était leur aîné et elles l'écoutaient.

Ce soir-là, quand on me pria de prendre la parole, il fit asseoir par terre ses sœurs et son jeune frère, très impatients de m'entendre.

Je racontai donc mon aventure, mais je me gardai de dire la vérité. D'abord, je ne voulais pas avouer mes origines ; ensuite, la terreur que m'inspirait Sandino m'incitait à brouiller les pistes autant que possible. Alors je mentis, d'instinct et avec facilité, parsemant mon récit d'éléments de vérité pour en faire quelque chose de cohérent. Je voulais juste leur donner un bref aperçu de ma vie. Mais ce soir-là, alors que nous étions rassemblés autour du feu, je m'aperçus que mon histoire prenait de l'ampleur au fil du récit.

J'étais orphelin et j'avais été élevé loin de là, dans une ferme isolée quelque part dans les collines, dont j'avais oublié le nom. À la mort de mes parents, un oncle très méchant s'était emparé de leurs terres et m'avait fait travailler pour rien.

– Ta ferme se trouvait-elle près de la montagne où on voit de la neige l'hiver ? s'empressa de demander la plus bavarde des jumelles.

Elle s'appelait Rossana et était, comme sa sœur, très jolie.

– Oui, je pense.

Rossana hocha la tête.

– Je vois cette montagne de ma fenêtre. Elle est très haute. D'après Maman, c'est pour permettre aux anges de vivre tout près du ciel. Mais il a l'air d'y faire très froid. Faisait-il froid quand tu vivais là-bas, Matteo ? Et y as-tu vu des anges ? Alors, il fait froid au paradis ?

Elisabetta, sa jumelle, frissonna.

– Je n'aime pas avoir froid. Quand j'irai au ciel, j'emporterai une couverture.

– Tais-toi, Elisabetta, ordonna sa mère.

Elle prit dans ses bras le petit dernier, Dario, qui s'endormait avec son pouce dans la bouche et l'assit sur ses genoux. Il se blottit contre elle et elle lui caressa la tête en ajoutant :

– Chut, Rossana. Laisse Matteo continuer.

Loin de me déranger, le bavardage des filles me donnait le temps de penser au mensonge que j'allais inventer.

Je saisis le fil tendu par Rossana et l'insérai dans la trame de mon récit.

– L'hiver, il faisait très froid. Et je n'avais jamais assez à manger. Mes vêtements étaient bien trop légers, je devais vivre dans une remise sans feu. Alors, il y a à peu près un an, j'ai attendu le retour du printemps, puis je me suis enfui.

– As-tu eu beaucoup d'aventures ? questionna Paolo, impatient d'en savoir plus.

– Oui, répondis-je, mais j'en parlerai une autre fois.

– J'aimerais tellement partir sur les routes, s'exclama Paolo.

Son père éclata de rire.

– Et dormir dans les fossés, peut-être ? Toi qui ne peux même pas sortir de ton lit le matin ?

Dans leurs yeux, je vis qu'ils voulaient entendre une belle histoire et j'en oubliai d'être prudent. Aussi, tout en passant sous silence ce qui concernait les bohémiens et leurs campements, je ne résistai pas à l'envie d'utiliser certaines expériences personnelles. Mes voyages m'avaient conduit en de nombreux endroits, j'étais allé à Venise, la cité où l'eau coule dans les rues et les gondoles voguent sur la lagune. En flânant au hasard des docks, j'avais vu des bateaux déverser leurs cargaisons de soies et d'épices en provenance de Chine et d'Arabie ; d'autres, avec leurs chargements de fruits rares et de mets étranges et délicats, arrivaient du Nouveau Monde[1]. Sur les places publiques des villes célèbres où j'avais séjourné, j'avais assisté à des exécutions et à des carnavals. À Ferrare, j'étais allé dans les demeures d'hommes et de femmes riches. Tous ces meubles et tous ces beaux objets ! Des coffres en chêne doré et en bois de cèdre, des tables couvertes de damas brodés d'or, des fresques et des tentures aux couleurs vives, des statues de bronze et de marbre, des coussins en satin de toutes les couleurs. Et quelle façon de se vêtir ! J'en avais été ébloui !

Les filles Dell'Orte me supplièrent de leur décrire ces vêtements et ces bijoux. Je savais pourquoi elles montraient un tel intérêt ; la forteresse n'était pas richement meublée. Une seule tapisserie recouvrait un des murs de la grande salle, les autres étant grossièrement enduits. Les habits des filles, quelque peu démodés, n'étaient pas taillés dans des étoffes de prix. Leur mère et elles avaient hâte de m'entendre leur parler en détail des dernières nouveautés en matière d'habillement, de chaussures et de coiffures.

Je leur décris alors ce que j'avais vu à Ferrare un peu plus tôt dans l'année, lors de la célébration

1. L'Amérique, découverte en 1492.

du mariage de Lucrèce Borgia et d'Alphonse d'Este. Dans les rues, on avait installé pour l'occasion des estrades afin de permettre aux gens de voir défiler le clergé, les nobles et leur suite. Les robes et les pourpoints étaient en soie matelassée sous de grandes capes en velours à parement de fourrure de petit-gris. Ils portaient des gants parfumés avec de lourdes bagues aux doigts. Dans le sillage des dames, flottait une odeur de musc exhalée par les grains des rosaires qu'elles gardaient dans leurs mains. Des rubis, des émeraudes et des perles ornaient leur cou et leur chevelure.

Lucrèce Borgia avait habillé l'un de ses bouffons d'une robe faite dans un tissu d'or, avec une longue traîne dans le style espagnol. Après le passage du cortège, on le vit, ainsi vêtu, singer à petits pas maniérés la démarche des nobles. Dans une main, il tenait un éventail, dans l'autre, un long bâton peint en rouge avec de petits grelots suspendus. Sur la place, le bouffon agita son bâton sous le nez du cardinal Ippolito, faisant tinter ses grelots et refusant de quitter les lieux avant que le cardinal ne sorte une pièce de sa bourse et ne la lui lance. Puis il alla faire le pitre devant la cathédrale, soulevant d'un geste vif son jupon, en faisant mine de se pomponner au grand amusement de la foule. Célèbre pour la truculence de son humour, Lucrèce Borgia avait beaucoup ri et applaudi ses singeries.

Ce soir-là à Perela, on écouta attentivement ce que j'allais raconter sur la femme la plus scandaleuse d'Europe.

– Est-elle aussi belle qu'on le prétend? me demanda donna Fortunata.

– Oui, elle est très belle, répliquai-je. Elle a de longs cheveux et quand elle se déplace, ils brillent telle l'eau au soleil. Dans une auberge, j'ai entendu un homme, dont la femme travaillait comme servante au palais, dire qu'il fallait à ses femmes de chambre deux jours pour la coiffer. Elle utilise une préparation à base de safran et de myrrhe, deux essences très chères, et c'est la raison pour laquelle sa chevelure brille comme de l'or. Et pour garder son teint clair, on broie ensemble les blancs de six œufs frais, les bulbes de six lis blancs et le cœur de six colombes blanches, puis on mélange le tout à du lait frais bien blanc pour obtenir une pâte qu'elle applique sur sa peau une fois par mois.

– Avait-elle l'air méchant? interrogea Rossana.

– Elle paraissait...

Je fis une pause, cherchant les mots justes.

– Elle paraissait jeune et... et...

Je lançai un regard à Rossana qui avait les yeux fixés sur moi, la bouche ouverte, les yeux brillants, les cheveux épars sur les épaules; et je poursuivis sans arrière-pensée:

– Elle est presque aussi belle que vous.

Des rires fusèrent et je levai la tête, confus.

– Si vous voulez faire la cour à ma fille, Matteo, il faut d'abord vous adresser à moi, remarqua le capitaine Dell'Orte avec une sévérité feinte.

Je vis Rossana devenir écarlate.

– Elisabetta aussi est très jolie, m'empressai-je d'ajouter pour cacher mon embarras.

Les grandes personnes pouffèrent.

– Maintenant Matteo cherche à courtiser les deux filles avec un seul compliment, reprit Graziano.

Cette remarque fut encore suivie de rires.

– Je suis sûr que Felipe apprécierait une telle économie de mots, ajouta le maître.

Je rougis. Comme les commentaires et les rires continuaient à parcourir l'assemblée, je compris trop tard que je n'avais pas respecté les règles de la bienséance.

Les filles, étroitement enlacées, s'esclaffaient.

Paolo, qui avait plus d'autorité sur elles que ses parents, les ramena au calme :

– Suffit !, ordonna-t-il. Laissez Matteo continuer son histoire.

– Lucrèce Borgia parle un grand nombre de langues, me lança donna Fortunata pour m'encourager à reprendre mon récit. Elle semble vive d'esprit et plus intelligente que bien des hommes.

– Mais elle utilise son intelligence pour intriguer et nuire à autrui, murmura Felipe.

Soudain tout le monde se tut.

L'atmosphère devint lourde. Je me rappelai le véritable motif de ma présence à Ferrare ce jour-là et je cherchai un moyen de dédramatiser la situation.

Le capitaine Dario Dell'Orte devait se sentir dans une position inconfortable, vu le ton pris par la conversation. Il ne l'ignorait pas en qualité de capitaine nommé par César Borgia : de tels propos, s'ils étaient rapportés à son maître, risquaient d'avoir des conséquences fâcheuses. On savait que César éprouvait pour sa sœur une étrange affection et rien de bon ne pouvait arriver si quelque chose de désobligeant la concernant parvenait aux oreilles du Valentin. Peu de temps auparavant à Rome, un homme accusé de dire du mal de la famille Borgia avait eu le bout de la langue coupé et cloué sur la porte de sa maison.

Le capitaine Dell'Orte changea de position sur son siège et chuchota à sa femme :

– Laissons Matteo poursuivre.

– Bien sûr ! acquiesça donna Fortunata en souriant à son mari pour lui montrer qu'elle ne se sentait nullement froissée.

De toute façon, je n'avais plus rien à ajouter sur cette partie de ma vie. Les villes, bien que présentant un intérêt indéniable, étaient trop peuplées et insalubres. Aussi je leur racontai que j'avais quitté Ferrare pour retrouver le bon air de la campagne où je pensais louer mes services. Dans ma dernière place, j'avais fait la cueillette des olives en les faisant tomber de l'arbre, avec un bâton, sur une toile étendue par terre, comme on l'a toujours pratiqué.

– Voilà pourquoi je suis si brun de peau, ajoutai-je, me souvenant que mes sauveteurs avaient remarqué ma peau claire pour un nomade, mais foncée comparée à la leur – j'espérais ainsi dissiper leurs doutes me concernant.

J'expliquai que, le propriétaire des oliviers n'étant pas un bon maître, j'avais décidé de le quitter. Le jour de ma mésaventure, en allant à la rivière pour pêcher, j'étais tombé à l'eau.

Paolo me demanda si je m'étais fait un bleu à la tête en tombant dans la rivière.

Je répondis ne pas m'en souvenir. Je m'étais aperçu que si jamais j'hésitais ou interrompais mon récit, quelqu'un me suggérait aussitôt une idée ou même finissait ma phrase pour moi. Alors je pouvais selon le cas accepter cette idée ou la rejeter. Je me gardais bien de parler du coup de gourdin.

– Tu ne sais donc pas nager ? interrogea Rossana. Paolo sait nager, lui.

– Oui, renchérit Elisabetta, Paolo sait très bien nager. Il t'apprendra, comme ça tu ne courras plus aucun danger.

– Si, je sais nager, répliquai-je, mais ce jour-là le courant était violent et…

– … et à un moment, ta tête a heurté quelque chose de dur, poursuivit Graziano, me fournissant une solution.

– Tu as dû te cogner contre un rocher quand tu as été projeté par-dessus la cascade ! déclara Paolo, satisfait de ses facultés de déduction.

Les filles approuvèrent d'un signe de tête.

– Pauvre garçon. (Leur mère se pencha vers moi et me caressa la tête.) Et en plus, tu es si menu. Nous allons bien te nourrir.

Je me sentis vaciller. Je n'avais pas de souvenir d'une caresse de ma mère et je fus saisi d'une émotion inconnue. Le fait d'être au sein de cette petite famille, objet de leur attention et de leur intérêt, me rendait vulnérable. Je me ressaisis et repris mon récit.

– Oui, c'est arrivé comme ça.

J'allais continuer quand le maître m'interrompit :

– Que pêchais-tu ?

– Quoi ?

– Quel genre de poisson essayais-tu d'attraper dans cette rivière ?

Je plissai les yeux. Pourquoi cette question ? Était-ce un piège ?

– De toutes sortes.

Je repensai aux espèces que je prenais dans les rivières et les lacs quand je voyageais avec ma grand-mère. Nous nous arrêtions toujours près d'un cours d'eau, car l'eau fraîche des ruisseaux recèle des vertus spéciales. Elle guérit, on peut s'y baigner, la boire, la regarder et l'écouter. Ma grand-mère la décelait même l'été en pleine sécheresse en collant l'oreille sur le sol. Alors elle m'indiquait l'endroit où elle l'entendait couler dans le ventre de la Terre et moi je creusais pour en trouver la source.

J'avais assez de connaissances pour citer le nom de ceux que nous avions mangés à un moment ou à un autre.

– De la perche, du saumon, de l'anguille, de la truite, dis-je, un peu de tout.

Le maître se montra perplexe.

– Ce n'est pas possible.

– Pourquoi ?

– À cause de la cascade en aval de l'endroit où tu pêchais, là où tu as été pris dans le tourbillon. Elle constitue une barrière naturelle qui empêche certaines espèces de remonter la rivière.

Je haussai les épaules et répondis aussi calmement que possible :

– Je ne savais pas au juste ce que j'allais pêcher. J'espérais seulement attraper quelque chose à manger.

Il prit le petit carnet qui pendait à sa ceinture, l'ouvrit et s'adressa au capitaine Dell'Orte :

– Je ne connais pas bien cet endroit. Que trouve-t-on dans vos rivières ?

Aussitôt Paolo et les filles énumérèrent les noms de quelques poissons que le maître prit en note rapidement. Puis il ferma son carnet, ajusta la boucle du fermoir et le rangea. Il se pencha en arrière, les yeux mi-clos, mais je savais qu'il ne dormait pas.

Il devait avoir deviné que j'avais menti. Mon récit, tel un manteau de mendiant, comportait des trous. Sans doute savait-il, depuis le tout début, que je n'étais pas celui que je prétendais être.

CHAPITRE 6

Avec le recul, je considère mon séjour à Perela comme un havre de paix dans ma vie agitée. Au début, j'ignorais comment me conduire au sein de cette si généreuse famille Dell'Orte et quelle attitude adopter envers le capitaine, sa femme et leurs quatre enfants. Ma mentalité ne s'accordait pas avec leur façon de vivre.

J'avais du vaste monde une plus grande expérience que celle de Paolo, de Rossana et d'Elisabetta, mais elle ne m'aidait en rien dans mes relations avec eux. Je ne leur ressemblais pas : j'étais maigre et eux grassouillets, leurs bras et leurs jambes leur donnant un air godiche. Leur mère me trouva des vêtements pour remplacer les miens, mais les manches trop longues de la tunique de Paolo me tombaient sur les poignets. Cela me conférait une allure bizarre et, vraiment, j'étais bizarre. J'avais des manières simples et ordinaires comparées aux leurs. Les filles en particulier, pourtant à peu près de mon âge, étaient un peu plus grandes et bien plus élégantes à tous égards. Elles parlaient poliment et avec respect aux grandes personnes, quand il était contraire à ma nature de ne pas m'exprimer avec franchise. Pour beaucoup de gens, avoir son franc-parler signifie se comporter de façon insolente ou grossière ; selon moi, parler sans détour fait gagner du temps et évite les méprises.

À table, leurs gestes étaient précis et ils mangeaient avec une lenteur calculée. Moi qui avais connu la faim, je ne voyais aucune raison d'attendre. Mais lorsque j'eus remarqué leurs regards désapprobateurs quand je dévorais la viande tel un glouton, je compris que leur maintien à table obéissait à un code bien défini.

Rossana m'aidait beaucoup. Par exemple elle posait sa douce main sur la mienne tout en me demandant de lui parler de mon séjour à Venise. Elle m'empêchait ainsi de me jeter sur la nourriture au moment où le plat passait. On ne se disait rien, mais je savais qu'elle était mon guide. Alors j'observais, j'écoutais et j'étudiais leur comportement et leur façon de s'adresser l'un à l'autre.

Paolo rêvait de devenir soldat, comme son père ; il m'apprit le maniement de l'épée et la pratique d'autres sports militaires. Dans nos jeux de joutes, il me battait facilement, utilisant sa lance en bois pour me donner de grands coups sur la poitrine. Au début, je le prenais mal, je faisais la tête et ne voulais plus me mesurer à lui. Mais à chacune de mes chutes, les filles me suppliaient de revenir, Paolo usait de son charme pour que je reprenne la partie et finalement je me laissais convaincre.

Rossana et Elisabetta faisaient semblant d'être des dames de haute lignée accordant leurs grâces au preux chevalier qui combattait pour elles. C'était leur jeu favori. Rossana, la plus enjouée des deux sœurs, faisait toujours de moi son champion et me nouait ses rubans autour du cou. Mais peu à peu la colère monta en moi : je ne supportais plus de me faire sans cesse battre et humilier par Paolo. Sa supériorité était avant tout physique : il était plus lourd et plus fort que moi. Mais je compensais mon infériorité en me montrant plus rapide et plus astucieux. Et il y avait un domaine où mes compétences se révélaient à coup sûr plus grandes. Il portait à la taille un poignard, une petite dague attachée à sa ceinture, tel un colifichet. Dans l'éducation que j'avais reçue, on n'exhibait pas ainsi les couteaux, on les utilisait.

Un jour qu'il brandissait son épée au-dessus de moi, se déclarant vainqueur une fois de plus, je réagis d'instinct. Levant rapidement le bras, j'arrachai la dague de sa ceinture et mis la pointe sur sa gorge sans lui laisser le temps de reprendre son souffle. Il s'arrêta net de crier victoire. Cela fit taire aussi les filles qui nous acclamaient.

Les yeux de Paolo s'agrandirent. Et j'y perçus quelque chose qui m'enivra et m'effraya à la fois : la peur.

Il ouvrit la bouche. Je soutins son regard. Quelle pensée lui traversa l'esprit à ce moment-là ? Je l'ignore.

Il prononça un seul mot.

Mon nom.

– Matteo ?

– Matteo !

Une autre voix m'appelait. Le maître nous observait depuis le mur de la forteresse où il surveillait des travaux de réparation.

Je reculai et présentai la poignée de la dague à Paolo. Il s'en saisit. Ses mains tremblaient. Il la replaça dans sa ceinture. Ayant recouvré ses esprits, il s'inclina devant moi et me salua bien bas.

Les filles applaudirent. Rossana sauta du mur sur lequel elle était assise et courut vers nous. Elle avait dans les mains la couronne de baies et de laurier qu'elle et sa sœur tressaient tous les jours pour le vainqueur.

– À genoux, messire Chevalier, proclama-t-elle, je vous fais prince de ce tournoi avec cette couronne !

Je m'agenouillai et elle plaça la couronne sur ma tête. Quand je relevai les yeux, je vis les siens noyés de larmes. Je sentis, à ce moment-là, l'amour se déverser dans nos cœurs.

Tel un vrai chevalier, Paolo ne m'en voulut pas de l'avoir menacé avec sa propre dague. Sa lance et son épée étaient en bois et si les coups qu'il me portait me coupaient le souffle et me donnaient le vertige, ils ne faisaient pas vraiment mal. Moi en revanche, j'avais tenu sa vie à la pointe de son poignard. Et il avait vu sur mon visage que j'avais eu l'intention, même l'espace d'une seconde, de lui enfoncer la lame dans la gorge. Mais en homme bien élevé, Paolo me présenta ses excuses pour le caractère déloyal de ses joutes. Étant tellement heureux d'avoir un compagnon de jeu, il n'avait pas pensé à ce que je pouvais éprouver d'être ainsi constamment défait. Dès lors, il fit attention d'engager le combat avec un handicap, pour que les chances fussent partagées. Il m'arriva alors de gagner aussi souvent que lui.

Les jours s'écoulèrent donc à Perela ; et je passais mon temps à jouer, ce que je n'avais jamais fait auparavant.

Tout petit, je devais avoir des jouets, mais je garde à peine quelques vagues souvenirs de mes premiers pas sur un sol carrelé, avec de la musique en fond sonore. Être sans cesse sur les routes laissait peu de place au jeu. Mon rôle consistait à porter le panier contenant les drogues et les remèdes à vendre. Je regardais les autres enfants s'amuser avec des balles et des bâtons pendant que ma grand-mère échangeait quelques mots avec les femmes de la ferme. Mais nous n'avions ni argent ni temps à perdre à de pareilles futilités. Dans l'année, nous avions trois saisons pour vendre, mettre des économies de côté et faire des provisions pour survivre pendant la quatrième saison, c'est-à-dire l'hiver.

Quand je n'aidais pas ma grand-mère à cueillir des herbes ou à préparer des drogues, je ramassais du bois pour le feu ou je m'occupais du cheval. Nous étions mieux équipés que beaucoup de gens de notre condition. Nous avions une bonne petite roulotte où nous pouvions nous mettre à l'abri les nuits de mauvais temps : ma grand-mère la conduisait quand elle se sentait fatiguée. Cependant, la plupart du temps, nous marchions sur les routes, les chemins forestiers et les sentiers couverts de mousse. Jusqu'au jour où, manquant de souffle, elle dut s'arrêter.

À Perela, avec Paolo, Rossana, Elisabetta et le petit Dario, j'appris vraiment à jouer. Le matin ils suivaient des cours, mais je leur dis que je n'en avais pas besoin. Un jour, ayant regardé depuis la porte de la salle de classe, je me rendis compte que les filles savaient lire et écrire. Paolo, sous la tutelle du prêtre de la paroisse, faisait des progrès en latin et en grec. Je savais que mon ignorance éclaterait au grand jour si je me joignais à eux. Ils se moqueraient sûrement de moi.

Le capitaine Dell'Orte et sa femme aimaient beaucoup voir leurs enfants étudier. Les filles avaient de bons précepteurs, pourtant elles seraient très bientôt promises en mariage. En vérité elles auraient dû l'être depuis longtemps, mais donna Fortunata avait persuadé leur père d'attendre un peu. Elle le taquinait, disant que s'ils retardaient ce moment, les filles trouveraient peut-être à faire un mariage d'amour, comme elle. Il faisait mine de protester. Il était évident qu'il adorait ses filles ; il aurait le cœur brisé quand le moment viendrait pour elles de partir s'installer loin de lui. Donc tous les matins, les grands continuaient à suivre leurs cours et moi, qui n'étais pas à l'aise avec les livres, je prétendais avoir un niveau trop avancé pour leur professeur. J'affirmais que mes parents m'avaient appris tout ce que j'avais besoin de savoir et je partais m'amuser du côté des cuisines ou des écuries, ou plus souvent encore je regardais le maître travailler.

Il surveillait les hommes de troupe occupés à reconstruire l'un des murs de la forteresse ; j'aimais regarder ses plans et voir la façon dont ceux-ci se réalisaient. Je me cantonnais à l'intérieur, à l'abri des regards, pour éviter tout commérage. Mais on savait que j'étais arrivé avec le maître ; je faisais donc partie des gens de sa maison.

Un jour, je le surpris en conversation avec le capitaine au sujet d'un projet secret que César Borgia souhaitait le voir entreprendre dans le plus grand nombre possible de ses châteaux. Je me trouvais dans les écuries, car si ma grand-mère me manquait, je regrettais aussi la compagnie du cheval qui nous avait rendu tant de services en tirant notre roulotte pendant de nombreuses années. Comme il faisait chaud, je m'étais hissé sous les toits pour me reposer au milieu des bottes de foin. Quand je me réveillai, j'aperçus le capitaine Dell'Orte juste en dessous de moi, un parchemin déroulé à la main, où figurait un des plans du maître.

Ils discutaient de la construction d'un lieu secret, un refuge qui permettrait à une ou deux personnes d'avoir la vie sauve si le château était pris. Ils avaient choisi les écuries pour être tranquilles. Je ne pouvais pas faire autrement que de les entendre. Je restai silencieux pendant qu'ils décidaient du meilleur emplacement.

Le maître dit au capitaine que personne d'autre dans la forteresse ne devait être au courant de son existence. César Borgia en personne l'avait ordonné ainsi.

– Je comprends, répliqua le capitaine Dell'Orte.

– Pas même votre femme.

– Bien sûr.

– Mais j'ai vu votre épouse. Peut-être est-il difficile pour un homme de ne pas révéler des secrets à une femme comme elle. Elle est très belle, plaisanta le maître.

– Exactement ! s'exclama le capitaine Dell'Orte en riant. Mais quand je suis avec Fortunata, nous ne perdons pas notre temps à parler de bâtiments, de briques et de mortier !

Un soir, à la demande de leur mère, les enfants montrèrent à leur père comment ils savaient lire. Une fois la table débarrassée, on y disposa des livres et des parchemins. Comme Rossana attendait son tour, elle me demanda :

– Sais-tu lire, Matteo ?

– Bien sûr, répondis-je sans hésiter.

Puis j'ajoutai très vite :

– Mais je ne préfère pas.

– Oh, mais tu trouverais cela si agréable, protesta Rossana. Tout n'est pas ennuyeux. Il y a des tas d'histoires intéressantes à lire.

– Je connais déjà beaucoup d'histoires, me vantai-je. Je n'ai pas besoin de livres. De toute façon, lire et écrire, c'est un métier d'artisan. Quand mes parents étaient encore de ce monde, mon père employait un écrivain public pour rédiger nos lettres, si bien que nous n'avions pas à nous fatiguer avec une plume.

– Ton père ? (Le maître me dévisageait.) Quand tu nous as raconté l'histoire de ta vie, Matteo, tu ne nous as pas dit grand-chose sur ton père. Quel était son nom ?

– Pietro, répliquai-je sans aucune hésitation.

– C'est un joli nom, observa le maître avec lenteur.

Il ne leva pas les yeux, absorbé par l'étude d'un manuscrit. J'accompagnai son regard. Un parchemin était déroulé devant nous. Le scribe avait mis son nom au bas de la page. Un nom simple que j'avais reconnu : *Pietro*.

Le maître ramassa le manuscrit et le roula très serré.

– C'est vrai, un bien joli nom, répéta-t-il. Une personne avec un tel nom doit sans doute lire et écrire à la perfection.

Il noua le cordon autour du rouleau. Puis il se leva et plaça celui-ci en hauteur sur une étagère parmi d'autres manuscrits.

Je lui demandai alors la permission de quitter la pièce. Je regagnai la chambre qu'on m'avait installée sous les combles, dans un petit grenier où l'on avait disposé un matelas grossier sur un sommier en bois. Je fis un ballot de mes vêtements et je vérifiai que la bourse que je gardais autour de la taille était bien attachée à ma ceinture.

Soudain je sentis que je n'étais pas seul. D'un mouvement brusque, je me retournai.

Le maître se tenait dans l'embrasure de la porte. M'avait-il vu au moment où je m'assurais de la présence de la bourse à ma ceinture ?

– Que fais-tu ? s'inquiéta-t-il.

– Je pars.

– Pourquoi ?

– Pour éviter une correction.

– Personne ne veut te corriger.

Je l'épiai. Un garçon surpris à mentir mérite toujours une punition.

– Pourquoi as-tu menti ?

Je haussai les épaules.

– Je ne sais pas.

– Réfléchis et dis-moi pourquoi.

Il alla à la fenêtre et regarda dehors.

– J'attends ta réponse.

Je l'observai. Il ne se comportait pas comme quelqu'un qui allait me frapper.

– J'ai honte, avouai-je enfin.

– De ne pas savoir très bien lire ? ajouta-t-il en souriant. Tu as très bien su déchiffrer le nom du scribe sur le manuscrit.

Je ne répondis pas.

– Le mensonge est une atteinte à l'intégrité de l'âme, poursuivit-il. Si le mensonge devient une habitude, les rives de l'esprit s'effritent. En revanche, ne pas craindre la vérité, même si c'est parfois plus difficile, fortifie le cœur. Cela ne rend service à personne de cacher la vérité.

Pas d'accord, pensai-je en moi-même. Il n'avait jamais eu faim, il n'avait donc jamais eu besoin de voler pour manger. En mentant, j'avais pu sauver ma peau en de nombreuses occasions. Pourtant je me gardai bien d'exprimer tout haut cette pensée.

– Matteo, quelle est ta vérité ?

Jamais je ne lui aurais révélé toute la vérité, mais il devait connaître au moins une chose.

– Je n'ai pas honte de ne pas savoir lire couramment. J'ai honte de ne pas connaître mon père. (Je baissai la tête.) Je suis un bâtard, murmurai-je.

– Oh, la belle histoire ! (Il eut un petit rire.) Des bâtards ! Mais la moitié des cours européennes et la puissante Rome en sont pleines ! À commencer par César Borgia, qui nous emploie actuellement.

– On ne peut pas affirmer que ce soit un modèle de bâtardise.

Il fut pris d'un fou rire qu'il eut de la peine à contenir.

– Cette plaisanterie, il faudra la garder pour nous. Il est trop dangereux de calomnier un Borgia.

– Mais lui est noble de naissance, c'est différent.

– Cela peut être plus difficile encore pour des gens comme lui. Ils ont tant à prouver, tellement à lutter. Et beaucoup à perdre aussi.

Je fis non de la tête.

– On vit dans la honte quand on est un bâtard, sans pouvoir porter le nom de son père...

– Ta mère a dû t'aimer, Matteo.

– Personne ne m'a jamais parlé d'elle, alors je n'en suis pas sûr. Il se peut que la honte de ma naissance l'ait conduite à me haïr.

Le maître mit un moment à répondre. J'entendis crépiter la mèche de la lampe, le claquement d'un volet que l'on fermait quelque part. Il fixa ses doigts. Puis il parla avec précaution.

– Par nature, une mère aime son enfant, qu'il soit légitime ou non.

– Pas toujours, fis-je remarquer avec obstination.

– Tu es vraiment impossible ! cria-t-il. Tu refuses de te laisser convaincre.

Je tremblai. Je l'avais mis en colère.

– Je suis désolé, je ne voulais pas vous contrarier.

Il secoua la tête.

– Non, tu ne me contraries pas. Tu me rends triste.

Il s'appuya sur les coudes et regarda par la fenêtre étroite. À Perela, les fenêtres des étages supérieurs n'avaient pas de vitres ; elles avaient de simples volets en bois que l'on pouvait rabattre quand il faisait mauvais temps, sinon la pièce était ouverte à tout vent.

Un oiseau vint se poser sur le rebord. Le maître se recula pour ne pas le déranger. Il fit un geste pour se saisir du carnet qu'il portait à la ceinture, mais il se rappela ma présence et, jetant un coup d'œil vers moi, il murmura comme dans un souffle :

– Moi aussi, je suis un bâtard.

Je le regardai, étonné.

Il répéta :

– Oui, je suis un bâtard.

– Oui mais vous, vous avez un deuxième nom, répliquai-je.

– Ah oui. Léonard *de* Vinci. Mais Vinci n'est pas le nom de mon père. C'est le nom d'un lieu.

– Je n'ai même pas ça, moi. C'est Matteo tout seul.

Il se détourna de la fenêtre.

– Assieds-toi, je vais te raconter une histoire, Matteo tout seul, dit-il en souriant.

Il s'appuya contre l'embrasure de la fenêtre et commença son récit.

– Un brave homme s'occupait de ses affaires honnêtement. Un jour, quelqu'un vint lui annoncer qu'il n'était pas le véritable enfant de son père. « Vous êtes né en dehors du mariage, donc vous êtes un enfant illégitime. » Le brave homme répondit que illégitime voulait dire illégal. « Comment un enfant, en soi, peut-il être illégal ? demanda-t-il. Un enfant est un enfant. Né de l'union d'un homme et d'une femme. Un enfant ne connaît pas et ne se préoccupe pas de connaître les circonstances de sa conception. Par conséquent, selon la loi de la nature, il est l'enfant légitime de l'espèce humaine. » C'était l'autre homme le bâtard, parce que son comportement ressemblait plus à celui d'une bête qu'à celui d'un homme.

Je gardai le silence.

– Matteo, écoute-moi. Le fait d'être légitime n'est que... qu'un... détail. Cela ne signifie pas qu'il y ait un problème chez toi. Les hommes utilisent le mot « bâtard » comme une insulte. Mais faire un tel usage de ce terme n'est pas digne d'un être humain. Mon grand-père m'a pris chez lui et mon oncle bien-aimé s'est occupé de moi ; en fait, j'ai été mieux éduqué dans cette maison que nulle part ailleurs.

Il se tourna de nouveau vers la fenêtre. L'oiseau s'était envolé, mais le maître continuait de contempler l'endroit où il s'était posé. Il s'abîma dans une de ces rêveries dont il était coutumier. Puis il sortit de sa torpeur et embrassa les lieux du regard.

– Je m'inquiète pour toi. Il commence à faire trop froid la nuit pour que tu restes ici. Tu peux venir t'installer dans mon atelier, si tu le souhaites. Dans quelques jours, je pars inspecter le château d'Averne ; il est grand et il nécessite beaucoup d'attention, j'y serai au moins pendant un mois. As-tu pensé à ce que tu veux faire cet hiver ?

Je fis non de la tête.

– Alors tu peux venir avec nous. Tu travailleras pour subvenir à tes besoins.

C'est avec tristesse que je quittai la forteresse de Perela. Car j'y avais connu l'amour et l'amitié.

Mais je savais que je me sentirais plus en sécurité ailleurs. À Perela, je ne m'étais pas assez éloigné de Sandino et je craignais qu'un de ses espions ne vienne poser des questions au sujet d'un garçon, surgi de nulle part, dont il aurait entendu parler et dont l'histoire ressemblerait à la mienne.

J'eus le cœur serré lorsque, me retournant, je vis Paolo, Rossana, Elisabetta et le petit Dario hissé sur les épaules de son frère, agiter les mains en signe d'adieu.

Leurs silhouettes s'éloignaient à mesure que nous chevauchions. Je n'avais jamais jusqu'alors autant regretté de quitter un endroit. Lors de notre départ, ils s'étaient tellement montrés empressés que je me rendais compte à quel point ils avaient de l'affection pour moi ; ils nous comblèrent de toutes sortes de petits cadeaux et nous firent promettre d'être de retour après l'hiver.

En m'autorisant à les suivre, lui et ses deux compagnons, le maître n'avait pas prévu que Graziano tomberait malade ni que Felipe le quitterait. Or, peu après notre arrivée à Averne, ils furent indisponibles. En échange du gîte et du couvert, je fus alors engagé comme serviteur et c'est donc vers moi qu'il se tourna quand il eut besoin d'une aide urgente.

Deuxième partie

Les Borgia

Italie, province de Romagne, hiver 1502

CHAPITRE 7

Mon cœur battait si fort que mon maître devait l'entendre. Il marchait juste derrière moi, guidé par la lumière de la lanterne que je tenais bien haut pour éclairer le chemin.

– Arrête-toi ici, mon garçon. (Il parlait doucement ; il me prit la lanterne des mains et la leva pour lire le nom peint sur le mur.) *Rue des Âmes*, c'est bien ici, murmura-t-il en s'engageant dans la ruelle.

Je me dépêchai de le suivre, en jetant des regards craintifs autour de moi. Il descendit la rue étroite en maintenant le lampion levé pour dissiper l'obscurité. Sur notre passage, les ombres défilaient, rampaient sur nos talons, apportant avec elles les spectres qui planaient dans la nuit, prêts à fondre sur les imprudents.

J'accomplis le geste des bohémiens pour éloigner les mauvais esprits, mais, surprenant le regard amusé du maître, je fis maladroitement le signe de croix sur mon front, ma poitrine et mes épaules. Il éclata d'un rire dépourvu de méchanceté.

– Garde tes signes cabalistiques[1] pour parer les dangers de ce monde-ci, Matteo. Le mal que s'infligent les hommes à la guerre est plus grave que celui que les esprits peuvent nous faire.

Nous longeâmes un mur et parvînmes devant une porte, banale et pourtant connue : celle de la morgue de l'hôpital d'Averne.

– Prends la sacoche, Matteo.

La lourde besace en cuir contenait les outils de travail de mon maître, des papiers, des parchemins et des craies. Je faisais partie de sa maison depuis peu mais je savais que la porter était un honneur. Je passai la bandoulière autour du cou et la serrai contre moi avec précaution.

Il plaça la lanterne de manière à bien éclairer son visage. Puis il frappa à la porte. Nous attendîmes. À cette heure de la nuit, le portier devait être endormi ou ivre. Après le coucher du soleil, personne ne vient réclamer ses morts.

Le maître leva le poing et frappa cette fois de grands coups. Plusieurs minutes s'écoulèrent. Puis le judas glissa. Une face renfrognée nous regardait.

– J'ai l'autorisation du magistrat de la ville d'examiner les corps des défunts.

Le maître sortit le document du pli intérieur de sa manche et le tint en l'air.

1. Codes dont se servaient les adeptes de la Kabbale pour se reconnaître entre eux. Désigne plus largement des signes mystérieux, incompréhensibles du plus grand nombre.

– Vous êtes ?

À travers le judas, le portier parlait avec l'air supérieur propre aux hommes qui ont peu d'autorité.

– Léonard, ingénieur et… peintre. Du lieu connu sous le nom de Vinci.

– Vinci ? Jamais entendu parler.

– J'ai sur moi un autre laissez-passer, fit le maître avec douceur, qui me permet d'entrer librement où je veux. Il porte le sceau personnel des Borgia.

L'homme eut un mouvement de recul.

– Le Valentin, poursuivit le maître, sans modifier l'expression de son visage, César Borgia. Vous avez peut-être entendu parler de lui ?

Plutôt que de forcer le ton, il caressa de sa voix le dernier mot de sa phrase.

Le gardien de la morgue ouvrit avant que le maître ait pu dire autre chose. Il s'inclina si bas que son front toucha presque le sol.

En franchissant le seuil, le maître me fit un clin d'œil.

Je me sentis le cœur léger. Car au début, dans les premières semaines où il m'avait pris à son service, je n'étais pas toujours sûr de son humeur. Je ne m'étais pas encore familiarisé avec ses longues périodes de méditation, pendant lesquelles il restait sans parler et où il mangeait et dormait peu. Et je ne m'étais pas accoutumé non plus aux sujets qui le préoccupaient.

CHAPITRE 8

Nous étions dans une petite cour.

Je ne m'étais jamais trouvé dans un tel endroit. Il y régnait une odeur rance que le savon, les herbes aromatiques et l'encens n'arrivaient pas à masquer. C'était l'odeur pestilentielle de la mort.

Les coutumes funéraires des gens du voyage diffèrent de celles des sédentaires. Chez les bohémiens, si un chef, un homme, ou une femme digne de respect meurt, sa roulotte est brûlée.

Ainsi les biens de ma grand-mère furent, avec son esprit, envoyés dans l'autre monde. On recouvrit d'herbes et de fleurs celle qui m'avait élevé puis on l'inhuma en habits traditionnels. Les objets qu'elle utilisait pour son commerce – le pot où elle préparait ses infusions, ses cuillères et son livre de recettes – furent enterrés dans une boîte en bois près de l'endroit où elle mourut.

Après sa mort, je refusai d'être recueilli par la communauté nomade, préférant traîner librement le jour et m'étendre la nuit sous une roulotte avec les chiens pour compagnons. Je garde de cette période le souvenir d'avoir souffert de la faim, en dépit de la gentillesse des autres familles qui me faisaient partager leurs repas. Mon ventre toujours vide me força vite à prendre tout ce qui se présentait à moi. Une porte de cuisine restée ouverte, un étal de marché sans vendeur et j'étais comme un martin-pêcheur près d'un lac. Rien de comestible ne me résistait. Et peu m'importait que la nourriture fût sous clef, je développai rapidement l'aptitude d'ouvrir les serrures des réserves. La faim me poussait à voler. Mes talents de chapardeur intéressèrent Sandino qui me fit entrer dans sa bande. Voilà comment j'avais été entraîné dans ses intrigues et ses affaires criminelles.

Nous avions pénétré, le maître et moi, à l'intérieur de la morgue et nous attendions ; le portier de l'hôpital nous observait avec un mélange de crainte et de curiosité.

Mon maître posa la lanterne et scruta le ciel, en murmurant le nom des étoiles :

– Castor et Pollux et, au-delà, la grande Vénus. Les autres là-bas, est-ce… ? Il est sûrement trop tard dans l'année pour qu'elles occupent cette position : c'est le solstice d'hiver et la lune se trouve dans cette phase.

Il prit le petit carnet toujours attaché à sa ceinture et y griffonna quelques notes.

À contempler la lune en marmonnant, il avait mis le portier mal à l'aise. Avec sa grande cape jetée d'un geste large sur ses épaules pour affronter la fraîcheur de la nuit, le maître ressemblait à un sorcier. Le veilleur de nuit comprit que nous n'étions pas venus chercher un parent ou un être cher. De plus, nous n'avions ni la tenue ni l'équipement du personnel médical. Mais la terreur que le seul nom de Borgia inspirait le dissuadait de poser des questions.

Il tira la cloche de nuit. L'hôpital d'Averne était dirigé par les frères de l'ordre de la Sainte Compassion de Jésus et, au bout de quelques instants, un moine apparut, longeant le cloître extérieur.

Il se déplaçait sans bruit, sandales aux pieds. La couleur grise de son vêtement, au capuchon relevé, se fondait dans la nuit. La lueur des flambeaux, placés à intervalles réguliers le long du mur, jetait des ombres sur son visage.

Le père Bénédict, moine responsable de la morgue, se présenta. Il nous observa, mon maître et moi, avec intérêt. Puis il lut attentivement le laissez-passer des Borgia et l'ordonnance du magistrat.

– Ce document, signé par César Borgia… l'Honorable Valentin (eut-il une hésitation sur ce mot ?), duc de Valentinois et prince de Romagne, vous autorise l'accès aux châteaux et maisons fortifiées de Romagne et autres endroits de son domaine.

– Oui, c'est exact, dit le maître en inclinant la tête.

Le père leva le parchemin et lut d'une traite :

– *Cette ordonnance s'adresse à tous nos lieutenants, châtelains, capitaines, condottieres, officiers, soldats et sujets et à toute autre personne prenant connaissance de ce document.*

PAR LA PRESENTE :

Notre bien-aimé architecte et ingénieur général, Léonard de Vinci, porteur de ce laissez-passer, est chargé d'inspecter les palais et les forteresses de nos États, afin que nous puissions les entretenir selon leurs besoins et selon son conseil.

Nous ordonnons que tous laissent libre passage audit Léonard de Vinci, sans le soumettre à aucun impôt ou péage, ou à quelque autre obstacle, que ce soit lui ou ses compagnons.

Tous l'accueilleront avec amitié et lui permettront de mesurer et d'examiner toutes choses de son choix.

À cet effet, nous désirons que lui soient livrés toutes les provisions, tout le matériel et tous les hommes requis, que lui soient apportées l'aide et l'assistance nécessaires et que tout service lui soit rendu selon ses désirs.

Le moine leva les yeux et objecta :

– Mais nous ne sommes pas dans un bâtiment fortifié.

– Cependant, il est maintenant sous l'autorité du Valentin, remarqua mon maître.

– Nous en avons bien conscience, fit le moine d'une voix douce.

Il y eut un silence.

À travers toute l'Italie, on connaissait la brutalité du régime du prince César Borgia, représenté en Romagne par son gouverneur, le général Remiro de Lorqua. Ce dernier avait provoqué la terreur générale en faisant appliquer le décret du prince d'imposer l'ordre civil localement. Les tortures et les exécutions publiques avaient fait augmenter la peur et croître la haine du nom de Borgia.

Brave moine qui osait s'opposer à un suzerain aussi impitoyable. La dernière phrase du document signé de la main de Borgia, qu'il n'avait pas lue à voix haute, disait : *Que nul homme n'agisse contrairement à ce décret, sous peine d'attirer notre colère.*

– J'aimerais faire un don à vos œuvres, suggéra mon maître.

Mais ce moine affecté à la morgue appartenait au célèbre ordre de la Sainte Compassion. Établi pendant les croisades, cet ordre avait été fondé par un pieux chevalier prénommé Hugues, lequel ordonna aux frères de soigner toute personne nécessitant des soins. D'une grande bonté, ce chevalier – médecin, soldat et, vers la fin de sa vie, saint – traitait indifféremment les hommes et les femmes, les civils et les militaires, les infidèles et les chrétiens. Bravant les attaques de toutes parts et ne recevant aucun argent de quiconque, il soignait les blessés même sur le champ de bataille. Les moines du monastère portaient secours aux pauvres parmi les pauvres, aux victimes des épidémies et de la peste, aux mendiants et aux femmes de rien. Contrairement aux autres, ils ne renvoyaient personne, pas même les vagabonds. Leur vocation était véritable, à la différence du clergé séculier dont les membres entraient dans les ordres par intérêt personnel. Rien n'aurait pu corrompre le père Bénédict, aucune menace ne pouvait lui faire peur. Tous les jours, il côtoyait la mort.

Il dédaigna l'offre de mon maître et poursuivit :

– Si vraiment les études d'ingénieur vous intéressent, que faites-vous donc ici ?

Pour toute réponse, mon maître interrogea :

– Le corps humain n'est-il pas la plus parfaite des mécaniques jamais construites ?

Le religieux soutint le regard du maître un long moment et répondit finalement :

– Tel est donc votre but ? Une étude du corps humain ?

– En effet. Je suis ingénieur et peintre.

– Votre nom m'est familier, messire de Vinci, interrompit le moine. Tout comme vos célèbres œuvres. J'ai vu votre fresque *La Cène* au monastère dominicain de Milan et votre tableau *Sainte Anne, la Vierge et l'Enfant* dans l'église de l'Annonciation à Florence. Les représentations auxquelles vous avez donné naissance sont des chefs-d'œuvre... par la grâce de Dieu.

Mon maître observa le moine, puis demanda d'un air pensif :

– Ah ! Vous vous intéressez à la façon dont les Écritures peuvent être illustrées par l'homme à travers la peinture ?

– Messire de Vinci, répliqua le moine, on prétend que vos tableaux contiennent de nombreux signes et de nombreux symboles et que nous devrions chercher à trouver leur véritable signification.

Mon maître se taisant, le père Bénédict poursuivit :

– Pour expliquer ces œuvres, les frères des monastères suggèrent de les voir comme des méditations théologiques. Dans *La Cène*, les apôtres posent dans des attitudes d'étonnement et d'incrédulité, face à l'accusation selon laquelle l'un d'eux est sur le point de trahir notre Bienheureux Seigneur.

Le maître ne commenta pas cette interprétation, mais inclina la tête comme s'il écoutait attentivement.

– Et dans le tableau de Florence, la représentation de sainte Anne, avec la Vierge et l'Enfant, illustre le concept du « trois en un ». L'ensemble est construit comme une sorte de pyramide, au bas de laquelle seuls trois pieds des personnages sont représentés ; ces facteurs montrent qu'il s'agit de la Trinité[1]. La Vierge, craignant pour la sécurité de son enfant, essaie de Le ramener sur ses genoux, pour L'éloigner du danger vers lequel Il se dirige. Pourtant, à en juger l'expression du visage de sainte Anne, elle sait que l'Enfant doit accomplir Son destin pour sauver l'humanité.

– Vous voyez donc bien le défi qu'il y a à représenter l'interaction entre le Christ et ses apôtres dans la fresque et entre les trois figures dans le tableau, conclut le maître.

– La force dynamique du mouvement dans votre manière de peindre m'a étonné.

Mon maître parut réfléchir et hésiter avant de répondre :

– Je me livre à de multiples études. Je fais de nombreux croquis de poses différentes. Les mains du Christ dans *La Cène*, quand il tend la main vers le plat au même moment que Judas ; le bras de la Vierge... Je m'efforce d'obtenir la forme des membres et de considérer avec le plus grand soin toutes les options...

– Je comprends que votre travail demande beaucoup de réflexion.

1. Dans la religion catholique, Dieu est présent en trois personnes : le Père, le Fils et le Saint-Esprit.

Le maître sembla prendre ces paroles à cœur.

– Je dirais, continua le moine, que l'effet produit provient pour une grande part de la disposition des personnages dans le tableau et de leurs expressions au sein du groupe.

– Donc vous vous rendez bien compte que la représentation et la composition de ces figures sacrées dépendent de mon étude de l'anatomie.

Le moine acquiesça d'un léger mouvement de tête. Le maître l'avait amené où il le désirait. Il avança ses motivations :

– De plus, mon intérêt pour l'anatomie a d'autres buts que la représentation exacte de figures, humaines ou divines. D'un point de vue médical, il est très important d'étudier les corps des défunts pour découvrir la cause de la mort.

– Dieu seul décide de l'heure de notre mort, déclara avec fermeté le moine.

– Tout à fait, père Bénédict. Mais il est possible de retarder la mort. Ce que vous faites dans cet hôpital doit certainement vous le prouver ?

– Quand le Divin Créateur vous rappelle à Lui, votre temps sur Terre est terminé. Un simple mortel n'y peut rien changer.

– Néanmoins, persista mon maître, aider à prolonger la vie me semble être une bonne chose.

– On ne peut tromper la mort. Dieu a ordonné l'heure et l'endroit : « Tu ne connais pas le jour, ni l'heure où ton âme te sera demandée », dit la Bible.

– Je n'ai pas l'intention de contrarier les plans du Créateur, répliqua le maître. La recherche engendre la connaissance et la connaissance est bénéfique à tous.

– Mais nous ne sommes pas destinés à en savoir trop. L'homme a mangé le fruit de l'arbre de la connaissance du bien et du mal et fut banni du jardin d'Éden. La connaissance comporte parfois des dangers.

« La connaissance comporte parfois des dangers. »

J'entendais prononcer cette phrase pour la première fois. Je serais amené à y repenser au moment où sa vérité me serait prouvée.

Mon maître ne répondit pas. Le moine replia lentement les documents officiels et les lui rendit. Prenant l'une des torches fixées au mur, il nous fit signe de le suivre.

CHAPITRE 9

Nous entrâmes dans la morgue, longeâmes le cloître, puis descendîmes de nombreuses marches.

Nous arrivâmes dans une crypte, au plafond bas voûté et au sol dallé. Il y faisait terriblement froid. À mi-hauteur du mur, se trouvait une sorte de comptoir dont la partie basse était occupée par des balais, des seaux, des serpillières et du matériel de nettoyage. Sur le dessus, on avait soigneusement rangé des pots d'onguents, des boîtes de sel et des linceuls pliés. Des tréteaux grossiers et des planches mal équarries s'entassaient sur un côté de la pièce. Au milieu, on avait dressé deux tables recouvertes de linceuls.

– Les personnes mortes récemment ont été emmenées par leurs proches avant le coucher du soleil. À l'exception d'un homme et d'une femme qu'on ne réclamera plus.

Les draps de lin étaient fraîchement lavés. Le père Bénédict prenait grand soin des âmes dont il avait la charge et traitait chaque corps avec respect.

À l'évidence, les moines hospitaliers de la Sainte Compassion avaient un comportement différent des autres religieux.

– Une femme est morte en couches[1] hier.

– Est-il possible de la voir ?

Le moine nous conduisit à la première table. Il découvrit la tête.

– Cette jeune femme était une prostituée. Elle exerçait son métier dans les rues près de la rivière, parmi la clientèle de passage, des mariniers, des muletiers et autres. (Il marqua une pause.) Elle était sans doute contagieuse.

Le maître examina la jeune femme. Ses cheveux dénoués, bien peignés, encadraient son visage. Mais ils étaient encore humides, comme collés par la sueur lors du travail, pendant l'accouchement. Son visage émacié montrait qu'elle avait souffert de la faim.

– Non, je ne pense pas qu'elle était contagieuse, dit le maître. A-t-elle accouché d'un bébé mort-né ?

Le moine désigna du regard le petit paquet à côté de la malheureuse. Mon maître me jeta un coup d'œil, hésita, secoua la tête. Le moine recouvrit doucement le cadavre. Il se déplaça vers une autre table.

– Un clochard ? On l'a trouvé à moitié mort dans les montagnes.

1. Pendant l'accouchement.

Le vieil homme avait été découvert couché sur le bas-côté de la route par un berger qui descendait son troupeau dans la plaine pour l'hiver. Percevant un souffle de vie dans le corps du vieillard, le berger, pris de pitié, avait hissé l'homme sur son dos et avait parcouru trois lieues pour l'amener à l'hôpital. Le malheureux était mort dans son sommeil le matin même.

– Quelle maladie l'a emporté ?

Le moine haussa les épaules.

– Il ne se plaignait de rien en particulier, juste d'une grande faiblesse. Son cœur ne battait plus très fort ; au bout d'un moment, il s'est arrêté. Il était très âgé. Peut-être est-ce simplement la cause de sa mort.

– Sans doute, dit sans hésiter le maître. Je voudrais l'examiner. Je peux ?

Le moine hocha la tête. Il percevait une certaine excitation dans la voix du maître. Un léger mécontentement passa sur son visage. Mon maître ne sembla pas le remarquer. J'avais découvert qu'il pouvait très vite se désintéresser des réactions des gens, être insensible à leur changement d'humeur, en particulier quand il était absorbé par sa recherche ou préoccupé par un problème scientifique. Son travail excluait de prendre en considération les sentiments de ceux qui l'entouraient. Rarement il présentait ses excuses ou justifiait sa conduite, comme s'il se sentait obligé de concentrer toute son énergie sur son sujet d'étude.

Il demanda :

– Puis-je me mettre au travail, ou devez-vous encore vous occuper de cet homme ?

– Ils ont tous été confessés et absous, répondit le moine.

– Et lavés ?

Le moine nous lança un regard glacé.

– Dans cet hôpital, nous n'attendons pas que nos patients meurent pour faire leur toilette. Les frères et les sœurs les lavent tous à leur arrivée, quelle que soit leur maladie.

– Pardonnez-moi, mon père, je n'avais pas l'intention de porter atteinte à la réputation de votre hospice.

Le maître prit le sac en cuir et le posa sur le comptoir. Il l'ouvrit et sortit une trousse en peau de chamois qu'il déroula.

Le moine fronça les sourcils.

Comme elle était posée à plat, je pus voir des poches de différentes tailles cousues à l'intérieur. Chacune contenait un couteau. À l'instar de tous les bohémiens, je m'y connais en matière de couteaux, mais je n'en avais jamais vu de pareils. Certains avaient une longue lame, d'autres une lame courte. Certains avaient un manche incurvé, d'autres ressemblaient à des dagues très pointues. Tous étaient aiguisés, avec un tranchant très coupant. Les manches étaient conçus pour être tenus indifféremment de la main droite ou de la main gauche. À côté, enveloppées dans un tissu de lin, se trouvaient une petite pierre à aiguiser et une outre contenant de l'eau.

Le moine s'éclaircit la voix.

– Je vais faire transporter ce corps dans une autre pièce où vous pourrez travailler sans être dérangé.

– D'accord.

Le maître enroula la trousse et la mit sous son bras.

– Merci, père Bénédict. Peut-on aussi m'installer une autre table, s'il vous plaît ?

Il souleva le sac et se tourna vers moi.

– Matteo, apporte la lanterne et un des seaux hygiéniques rangés sous le comptoir.

Comme il nous quittait, le moine dit en s'arrêtant :

– Vous souhaitez peut-être savoir le nom de cet homme. C'est Umberto.

Deux assistants arrivèrent. Ils transportèrent la table avec le corps du vieil homme dans une petite salle voisine. Là, ils dressèrent d'autres tréteaux sur lesquels ils disposèrent un flambeau, une cuvette, un broc rempli d'eau propre et des linges. Mon maître leur donna quelques pièces et ils s'en allèrent.

Nous étions seuls avec le cadavre.

Je tremblais.

Mon maître se pencha. Son visage était à ma hauteur. Il mit une main sur chacune de mes épaules.

– Écoute-moi bien, Matteo. Tu n'as rien à craindre de la mort. L'esprit est parti. Cet homme a été confessé par un saint prêtre. Son âme est allée rejoindre son Créateur. Ceci (il me montra le corps) n'est que l'enveloppe où demeurait l'esprit. Elle n'a plus d'utilité pour celui qui hier vivait et respirait.

Je détournai les yeux pour échapper à l'insistance de son regard. Ces propos ne correspondaient pas au véritable enseignement de l'Église catholique. Même moi, pauvre vagabond ignorant, je le savais. L'âme est liée au corps et, bien qu'elle s'en échappe le jour de la mort, n'en avons-nous pas besoin pour ressusciter ?

– Je ne vais rien prélever sur cet homme, dit le maître pour me rassurer. Umberto sera entier le jour où il sera enterré, dans l'attente de la résurrection du Christ.

Mais moi, je voyais la main de cet homme dépasser du drap. Le monde des esprits n'était pas seul à me faire frissonner de peur. Ses ongles étaient longs et sales, jaunes et noueux, comme les défenses d'un vieux sanglier. Ils me rappelaient quelqu'un d'autre : Sandino, qui les limait au point d'avoir au bout des doigts de grandes griffes cornues. En début d'année, à Ferrare, il s'en était servi pour arracher les yeux d'un homme.

Le maître retira le linceul.

Je vis le cadavre, en entier.

Le visage.

La poitrine.

Le torse.

Les touffes de poils du pubis. Son pénis tout flasque entre ses jambes.

Le maître suivit mon regard.

– Cet organe, si insignifiant en apparence, est pourtant à l'origine de bien des souffrances.

Il tenait son couteau dans la main.

Pendant un instant je pensai…

Ayant surpris l'expression de mon visage, il me rassura :

– Ne sois pas si inquiet, Matteo.

Tirant le drap, il en recouvrit le vieil homme jusqu'à la taille.

– Pour le moment, je recherche la cause de la mort des personnes âgées. Je veux examiner les mécanismes internes, en particulier dans la région du cœur. Je vais tenter de déterminer pourquoi il a cessé de fonctionner.

Le maître posa sa sacoche de cuir sur la deuxième table. Il en sortit un petit flambeau, des instruments de mesure, du papier, de la craie.

Il ouvrit la trousse où étaient rangés les couteaux.

CHAPITRE 10

– Sers-toi du seau et pisse là-dessus.

Mon maître me tendit un morceau de tissu.

– Trempe-le bien, puis tords-le un peu pour qu'il ne goutte pas.

– Pourquoi ? répliquai-je en le regardant fixement.

Il pencha la tête de côté.

– Tu demandes pourquoi, Matteo. Très bien. Je vais t'expliquer. C'est pour t'en servir comme d'un masque.

Abasourdi, je réussis à bégayer :

– Je vais chercher les latrines.

J'avais du mal à tenir le morceau de tissu sur lequel je devais uriner, tellement mes mains tremblaient.

Quand le maître m'avait recueilli, je l'avais trouvé gentil, mais je commençais à croire que j'étais tombé sur un fou. Pour un vrai nomade, toucher les excréments humains est terriblement impur. On doit se débarrasser des déchets produits par le corps loin des lieux d'habitation et éviter de les manipuler, de les respirer et de les ingérer. Dans leurs maisons, les sédentaires riches ont coutume d'avoir un pot de chambre et après usage, sans se laver les mains, ils portent la nourriture à leur bouche, mangent et se lèchent même les doigts ! Le simple fait d'y penser me soulevait le cœur. Et le maître croyait que j'allais respirer ma propre urine ! Impossible ! De toute façon, mon organe refuserait de mouiller la serviette qu'il m'avait donnée.

À nouveau, j'envisageai de prendre la fuite. Mais comment faire ? Il était presque certain que le portier ne me laisserait pas sortir. D'ailleurs, il s'inquiéterait de savoir pourquoi je partais seul, sans doute alerterait-il mon maître. Quelle excuse lui donner si ce dernier exigeait une explication ? Avec son expérience, il devait connaître les règles propres aux gens du voyage concernant les fonctions organiques. Comprendrait-il mon comportement ?

Si je réussissais à m'échapper, il me faudrait quitter absolument Averne. Or je m'y sentais en sécurité. Le temps avait passé depuis que mon maître m'avait sorti de la rivière et ramené à la vie. Sandino avait à coup sûr quitté la région, pensant que je lui avais échappé ou, de façon plus probable, que je m'étais noyé.

Prenant tout cela en considération, je décidai de rester en compagnie du maître, en dépit de ses manières bizarres. Au service de César Borgia, il disposait d'un laissez-passer. Je me trouvais donc moi aussi sous la protection du Valentin ; par conséquent, je pouvais résider sur ses terres. Et à mon avis, c'était le seul endroit où Sandino ne viendrait pas me chercher. J'y étais plus en sécurité que dans les collines ou dans les bois, où le chef des bandits risquait de me poursuivre avec ses hommes et ses chiens afin de récupérer ce que je lui avais volé.

J'urinai et un flot de couleur ambrée inonda le morceau de tissu. Je fermai les yeux en tordant le linge trempé, puis je le rapportai au maître avec beaucoup de répugnance. Pendant mon absence, il avait sorti de la sacoche et aligné les différents objets dont il allait se servir : des carnets, du papier, une plume, de l'encre, un crayon, un fusain, des craies, des bouts de corde, des bouteilles et des flacons de liquide, des poudres et des onguents[1]. Outre les couteaux, figuraient des instruments très particuliers, des ciseaux à la forme étrange et une petite scie.

Je versai l'eau du broc dans une cuvette, y plongeai les mains puis les frottai vigoureusement sur un linge. Je vidai ensuite la cuvette dans un seau. Le maître m'observait tout en recouvrant le linge trempé d'urine d'une étoffe de lin. Il adapta l'ensemble au bas de mon visage.

1. Crèmes de soin.

– Respire par le nez et expire par la bouche. Tes fosses nasales vont filtrer les impuretés de l'air.

– Je ne peux quand même pas respirer mon urine !

– Ton urine est propre, elle sort de ton corps et ne peut te faire aucun mal.

Et dans un rire, il ajouta :

– Et puis, je trouve que ça aide à vaincre l'odeur de la mort.

– Mais alors pourquoi n'en portez-vous pas ?

– Avant, j'en portais, mais j'étais gêné pour voir. De plus, lorsque je travaille, je ne pense pas à l'odeur. Curieux, n'est-ce pas, que l'esprit puisse être à ce point absorbé par une activité dont les sens n'ont pas conscience. Mais regarde !

Il ouvrit la bouche et expira avec force l'air de ses poumons. Un nuage de vapeur blanche se forma aussitôt.

– Il fait si froid dans cette pièce que la décomposition du corps sera lente. Nous ne devrions pas être incommodés par les odeurs ce soir.

Il adapta le masque autour de mon nez et de ma bouche ; j'eus des haut-le-cœur mais il le serra très fort avec des cordons qu'il noua derrière ma tête.

– L'acide de ton urine va te protéger des substances nocives rejetées dans l'air quand j'ouvrirai ce cadavre.

Puis, avec une lueur d'amusement dans le regard, il ajouta en riant :

– Et si tes yeux te brûlent, tu ne risques pas de t'évanouir.

Il avait allumé quelques bougies, puis il les avait disposées autour de la table. Faites en bonne cire d'abeille et non en suif bon marché, elles fumaient moins et embaumaient. Il avait posé par terre la grosse lanterne dont on s'était servi dehors. Il me passa la petite.

– Tiens cette lanterne, Matteo. Tu as la taille idéale. L'important est que je sois bien éclairé quand je travaille. Je t'ai choisi pour m'accompagner ce soir car j'ai vu que tu étais capable et que tu avais du caractère. Approche-la bien, ne la bouge pas, je sais que tu peux le faire.

En me faisant des compliments et en me témoignant sa confiance, il venait de m'attacher à lui aussi fort que les cordons du masque noués derrière ma tête.

Il retira le bouchon d'une petite bouteille et versa sur un linge quelques gouttes d'un liquide odorant. Il en tamponna la poitrine de l'homme. Puis il saisit un couteau.

D'un geste énergique, il incisa la peau. D'abord, il fit deux incisions en forme de V en enfonçant la lame en avant de l'épaule, en direction du bas et du milieu de manière à ce qu'elles se rejoignent à la base du cou.

La peau s'ouvrit facilement; je n'en fus pas étonné. Tout de suite, je m'étais rendu compte que mon maître n'en était pas à sa première dissection. Il y a quelque chose d'artistique dans ce genre de travail qui relève à la fois de la technique et de l'intuition. Ma grand-mère pouvait dépouiller un lapin en trente secondes. La peau de cet homme était vieille et ressemblait plus à du parchemin qu'à du vélin.

Ensuite, le maître fit une longue incision depuis la pointe du V jusqu'au nombril. Il choisit un autre instrument et commença à disséquer, de chaque côté de l'incision, pour séparer le tégument[1] des muscles.

Peu auparavant, je m'étais trouvé sur la place du marché d'une ville près d'Imola, au moment où on amenait un homme pour y être fouetté. On lui reprochait d'avoir participé à des actions de résistance quand César Borgia avait investi Urbino, que le duc Guidobaldo avait dû quitter précipitamment. Après la chute d'Urbino, toute personne soupçonnée d'avoir aidé le duc Guidobaldo devait être exécutée en place publique pour servir d'exemple. Selon le désir du gouverneur de Romagne, Remiro de Lorqua, il fut décidé que cet homme serait d'abord torturé. Les rues autour du marché étaient bondées mais je n'avais pu éviter de voir le supplicié écorché vif. Il hurlait pour demander grâce ; et ses cris couvraient le bruit de la

1. La peau.

foule. Par contraste, le vieillard qui reposait là sur la table acceptait son sort sans protester, digne dans la mort. Soudain je compris pourquoi le père Bénédict, le moine de la morgue, nous avait révélé qu'il s'appelait Umberto : par respect pour lui, car même mort, il occupait une place dans la Création.

J'observai mon maître travailler. Il écarta la peau de chaque côté, découvrant ainsi les côtes. Il se servit à nouveau d'un linge, cette fois pour essuyer les parties découvertes. Puis il prit une petite scie et s'attaqua à la cage thoracique. Cela peut sembler paradoxal, mais la dissection d'un homme est bel et bien un travail de boucher ; cependant, le maître agissait avec considération envers le vieil homme.

Le bruit de la scie sur les os ne ressemblait à aucun de ceux que j'avais entendus auparavant. Plus cruel, à mon avis, que lorsqu'un chien déchire avidement un morceau de viande, ou lorsqu'un homme affamé arrache les pattes d'un poulet.

Le sang gicla.

Ma tête tourna. Je suffoquai. L'odeur âcre de mon urine m'irrita le fond de la gorge et je toussai, mais je repris vite mes esprits.

Mon maître me sourit.

– Tes vertiges vont passer, murmura-t-il. Tiens bon.

Je tins bon.

Le maître accéda à l'intérieur de la cage thoracique. Il s'immobilisa. Il fixait quelque chose qu'il tenait dans la main. Un organe brunâtre, lourd et charnu.

C'était le cœur d'Umberto. Je sentis le mien palpiter.

– Regarde bien, Matteo.

Je vacillai sur mes jambes, mais il ne le remarqua pas.

– Il y a seulement quelques heures, il battait comme le nôtre.

Je hochai la tête pour montrer que je comprenais.

– Qu'en penses-tu ? Ce n'est pas grand-chose ?

– Mais si, répondis-je, la voix étouffée par le masque.

– Et pourtant, un homme ne peut vivre sans, poursuivit-il, comme s'il n'avait pas entendu ma réponse.

Je compris qu'il ne s'adressait pas vraiment à moi, il réfléchissait à voix haute.

– Oui, c'est bien un organe vital : si on le blesse grièvement, la mort survient à coup sûr, alors qu'on peut survivre à la perte d'un membre…

Je le savais. Un homme est capable de vivre avec seulement un bras ou une jambe. Une fois, j'avais vu un malheureux sans bras ni jambes. C'était à la tombée de la nuit, près de la grande fontaine dans les jardins publics de Bologne. Enveloppé dans une vieille couverture, il était bien calé dans une chaise et il racontait des histoires pour gagner sa vie.

– Vous voulez découvrir pourquoi le cœur s'est arrêté de battre ? demandai-je.

– J'aimerais aussi comprendre comment il a commencé de battre.

Que sous-entendait-il là ? Cherchait-il à savoir comment la vie commençait ? Il connaissait sûrement la façon de faire des bébés. Même moi, à mon âge, je ne l'ignorais pas. J'avais souvent vu les chevaux à l'œuvre dans les campements de nomades.

Chaque année, lors de la saison de monte, on fait venir un étalon pour saillir les juments. De nombreux bohémiens se rassemblent à cette occasion et paient pour que le meilleur étalon féconde leurs juments. Le mâle dans chaque espèce a l'organe nécessaire à cette fonction et c'est pourquoi il en a été doté. On voit la même chose entre un homme et une femme. Ma grand-mère me l'a expliqué. La semence provient de l'homme. Dans le corps de la femme se trouve une poche où le bébé se développe jusqu'au moment de sa naissance. L'homme doit semer sa graine dans le ventre de la femme lorsqu'il la pénètre au moment où ils sont couchés ensemble. Cela donne beaucoup de plaisir. Parfois, ils le font une seule fois, par erreur, par désir ou par amour, et un enfant est conçu. Et une fois conçu, il est impossible d'arrêter son développement. Mais d'autre part, l'homme et la femme peuvent faire cette chose de nombreuses fois et ne pas avoir d'enfant. Pour mettre au monde un bébé, le simple fait de s'accoupler ne suffit pas.

Même si ma grand-mère vendait des remèdes aux femmes prêtes à tout pour avoir un enfant, elle avait conscience que certaines d'entre elles n'en porteraient jamais. Et tout l'argent, toute la puissance du monde ne vous garantissent pas d'avoir un enfant simplement parce que vous en voulez un. Le roi de France avait dû adresser une requête au pape pour lui demander l'annulation de son mariage, sa première femme ne pouvant pas lui donner d'héritier.

Le maître reprit :

– À partir de quel moment commençons-nous à exister ?

J'étais incapable de répondre à cette question. Car je n'arrivais pas à saisir le fonctionnement de sa pensée.

– Oui, poursuivit-il. Voilà la vraie question. Mais pour le moment, je vais me contenter de comprendre pourquoi ce cœur a cessé de battre.

– Le père Bénédict nous l'a dit, murmurai-je. C'était la volonté de Dieu.

– Ces canaux à cet endroit (mon maître pointait un doigt plein de sang) sont essentiels à son fonctionnement.

– Comment le savez-vous ?

– J'ai disséqué des corps d'animaux... et auparavant j'ai travaillé sur des restes humains.

J'avais déjà deviné qu'il avait pratiqué dans le passé des dissections sur des humains, sans doute des criminels, utiles pour l'étude de l'anatomie mais de moindre intérêt pour progresser en médecine – la cause de la mort dépendant de la méthode employée par le bourreau.

– Nous pouvons en déduire que le grand âge de cet homme est responsable de l'arrêt de son cœur. Les canaux se sont rétrécis et la circulation du sang a été ralentie.

– Comme les rivières lorsqu'elles s'ensablent ? lui demandai-je.

– Tout à fait !

Je pensai au cœur de ma grand-mère, qui battait péniblement à l'intérieur de sa poitrine. Son corps avait diminué de moitié avec l'âge. Sa peau et ses os avaient la même apparence que ceux de ce clochard, étendu mort devant moi, tout sec et tout maigre.

L'homme que j'appelais le maître, à l'esprit vif, encore plus aiguisé que ses couteaux, s'aventurait en terrain inconnu. Je comprenais, du moins en partie, ce qu'il avait dit au moine de la morgue. Si l'on découvre un problème, il faut explorer les moyens de le résoudre ; ce qui était arrivé au cœur d'Umberto était simple à comprendre : les artères s'étaient rétrécies, obstruant la circulation du sang. Mais à quoi bon le savoir puisque dans le cas de ma grand-mère, on n'avait pas trouvé le moyen de dégager ces canaux ? Dans les derniers mois de sa vie, son cœur s'était affaibli sous le poids des ans.

Je me rappelais ma grand-mère lorsqu'elle me prenait la main et qu'elle la plaçait sur sa maigre poitrine. Sous les côtes et sous ses seins flétris, je percevais le rythme vacillant et irrégulier de son cœur. Il palpitait, tremblait, s'agitait. Puis il s'immobilisa. Elle savait que son corps s'usait, mais elle ignorait pourquoi.

– Ma grand-mère est peut-être morte de cette façon-là, hasardai-je.

– Quel âge avait-elle ?

Je l'ignorais. Chez nous, l'âge ne se mesure pas en années. Nous marquons notre passage sur cette terre avec les saisons et elle en avait vécu beaucoup. Deux étés avaient passé depuis le jour où j'avais enterré ses affaires et regardé brûler sa roulotte. Je haussai les épaules.

– Elle était très vieille, répliquai-je.

Mon maître me regarda avec curiosité.

– J'ignorais que tu avais connu ta grand-mère, Matteo. Tu n'avais jamais fait allusion à elle auparavant.

Mes doigts se serrèrent sur la lanterne. Je gardai le silence. Quand j'avais raconté l'histoire de ma vie, j'avais déclaré que j'étais un orphelin. Je n'avais jamais mentionné ma grand-mère.

Je me sentis pris en défaut !

CHAPITRE 11

– Ta grand-mère... Matteo..., tu nous as raconté à Perela qu'elle était vieille quand elle est morte, reprit le maître après avoir marqué une pause.

– Je... je...

Je baissai les yeux et bredouillai quelques mots. Il reprit son travail. Il allait être occupé et j'aurais le temps d'inventer une histoire au sujet de ma grand-mère. Je me détendis un peu.

– À part elle, y avait-il d'autres personnes dans ta famille ?

Je n'étais pas prêt à lui répondre mais il ne semblait pas avoir remarqué mon trouble et il poursuivit d'une voix douce :

– J'ai noté que, dans ton récit, à un moment tu as dit « nous ».

Je battis des paupières, soudain très inquiet.

Il me sourit pour m'encourager à parler :

– Lors de ton séjour à Venise, tu étais avec d'autres personnes quand tu regardais les bateaux sur la lagune. Tu te trouvais alors avec ta grand-mère ? Et quand tu as dit « nous », voulais-tu seulement parler d'elle ou d'autres personnes de ta famille ?

Je sentis la peur m'envahir et mon cœur battre plus vite.

– Je... je ne me souviens pas avoir prononcé le mot « nous », balbutiai-je... Il s'agit d'une simple façon de parler... Je ne m'exprime pas correctement, je ne suis pas très instruit.

– Non... Tu t'exprimes au contraire très correctement, bien que d'une façon un peu désuète parfois. Si ta grand-mère t'a vraiment appris à parler, alors son enseignement était bon. Tu as dit être originaire d'une ferme dans les Apennins et pourtant les gens de cette région ont une façon bien particulière de prononcer certaines voyelles car ils placent la langue en avant de la bouche pour former les sons « u » et « o ». Tu ne le fais pas, toi, Matteo. Mais si tu as passé les premières années de ta vie avec ta grand-mère qui était sans doute d'une autre région, tu as pris certaines de ses intonations. Où a-t-elle vécu ? Ce serait intéressant de le savoir. Dans certaines de tes expressions, on retrouve cette petite pointe d'accent caractéristique des régions de l'Est.

J'étais incapable de répondre. Il était donc un peu magicien pour deviner ces choses-là ? Pour découvrir tant de choses sur moi en quelques semaines, il avait dû m'observer de très près. Or je ne m'en étais pas rendu compte.

Il me scruta d'un air interrogateur.

– L'usage que tu fais du « nous » est chez toi plus qu'une façon de t'exprimer, un peu comme si tu te considérais comme quelqu'un de différent.

Il me fixait.

– Au début, je te prenais pour un nomade, mais maintenant je n'en suis plus si sûr. Ton teint est plus clair que chez ces gens-là, bien que le teint ne soit pas quelque chose d'homogène, chez aucun peuple. Ils ont les mains et les pieds plus petits, comme toi. Mais tu as en plus ce goût pour l'indépendance, tu te comportes comme si tu te sentais différent… à part.

Je fis non de la tête.

– Tu ne dois pas avoir honte de tes origines, Matteo.

Je le fixai d'un air farouche. Je n'avais pas honte de ma grand-mère ni de mes origines.

– À la bonne heure ! J'ai l'impression d'avoir touché là un point sensible.

Il s'était arrêté de travailler et m'examinait. Je cherchai à éviter son regard inquisiteur.

– Mais je ne comprends pas bien, poursuivit-il avec une certaine lenteur. Quand nous étions à Perela, tu as dit toi-même que tu étais un enfant bâtard et que tu en souffrais. Tu éprouves de la honte d'être né en dehors du mariage, je le sais. Pourtant, quand je fais allusion à tes origines, tu sembles furieux.

Il avança la main et releva mon menton pour voir mon visage. Il m'observa un moment. Mais le masque qu'il m'avait donné me cachait le nez et la bouche. Je me ressaisis et ne laissai rien paraître.

– Alors ? reprit-il.

Je n'allais pas pouvoir échapper à ses questions, il fallait répondre.

– Je ne suis pas en colère, mais je prends pour des attaques personnelles tout affront fait à ma grand-mère. Elle s'est occupée de moi pendant un moment.

– Et elle a été ton premier professeur ?

– Oui.

– Le seul que tu as eu ?

J'acquiesçai. Et me sentant dans l'obligation de défendre la seule personne à m'avoir témoigné de l'amour dans les premières années de ma vie, j'ajoutai :

– Elle m'a appris beaucoup de choses. Son savoir ne provenait pas des livres mais de la sagesse propre à son âge et de sa grande connaissance de la nature.

– On apprend vraiment de cette façon-là ! s'écria mon maître. Je suis entièrement d'accord. Enfant, on ne m'a pas enseigné le latin et pour cette raison je n'ai pu avoir accès aux textes des grands esprits du passé. Je ressens bien ce manque et j'ai fait beaucoup d'efforts pour essayer d'y remédier. J'ai appris le latin, donc je peux étudier certains écrits dans le texte original, comme les traités sur le corps humain. Plus je progresse dans l'étude des formes vivantes animales et dans la connaissance du corps humain, moins j'ai de préjugés.

Il marqua une pause. Il semblait attendre de moi une participation active à la conversation. Pour ma part, le fait de me taire quand on me demandait de parler me mettait dans une situation délicate.

– Par ses observations, repris-je, ma grand-mère était capable de reconnaître les symptômes d'une maladie. Il lui est arrivé d'être en conflit avec les médecins.

– Elle était guérisseuse ?

J'approuvai d'un signe de tête.

– Alors elle faisait preuve d'une grande sagesse en se fiant ainsi à son expérience. Pour connaître vraiment un sujet, il faut l'étudier soi-même.

En désignant le corps ouvert devant lui, il poursuivit :

– Ainsi il est important pour moi de pratiquer personnellement les dissections, d'examiner chaque partie en détail, de dessiner et de prendre en note chaque aspect comme je le vois.

Il montra la feuille de papier posée sur la petite table où il était venu de temps en temps dessiner et écrire.

Je regardai ses notes à plusieurs reprises. D'abord, je ne compris pas car je lisais mal. Ma grand-mère m'avait enseigné ses coutumes : je connaissais la plupart des plantes et des herbes et je savais aussi comment les préparer pour soigner les gens. J'étais incapable d'épeler les mots « chien » ou « chat », mais je pouvais dire en latin, en sicilien, en florentin, en français, en catalan et en espagnol les mots « remèdes contre le rhume », « contre le mal de ventre », « la variole », « la peste », « la goutte » et « contre les douleurs des femmes ». Je reconnaissais certains mots que ma grand-mère m'avait appris, pour la plupart des noms. D'abord mon prénom, « Janek », et d'autres appris par cœur afin de livrer les commandes de nos clients. Je devais m'en occuper dans chaque ville que nous traversions.

La famille Scutari dans la rue Veneto demande une pommade pour traiter une éruption de furoncles.

Maria Dolmetto, qui habite au-dessus de la boutique du fabricant de bougies, a besoin d'un baume pour soigner ses oignons.

Un cataplasme pour l'enfant du sieur Antonio, tu le trouveras au bureau du notaire, tout près de la Piazza Angelo.

Livrer ce flacon à Alfredo, le patron de l'auberge de la porte Mereno. Il souffre du grand mal et a besoin d'une infusion.

Nous traitions aussi les chevaux. On recherchait nos remèdes pour soigner leurs étalons de prix, les juments poulinières ou les poulains souffreteux des grandes maisons. Nous étions moins chers que les apothicaires, avec des remèdes parfois plus efficaces. Ma grand-mère était renommée pour soulager la douleur.

Alors, ne sachant pourtant pas très bien lire, je m'étais familiarisé avec les particularismes de la langue florentine parlée et écrite par mon maître. Mais les mots sur le papier n'appartenaient à aucune écriture familière. D'abord, j'imaginai qu'il s'agissait de la langue des juifs ou des lettres utilisées par les Turcs et les musulmans ; pourtant, en regardant de plus près, je n'en reconnaissais pas les caractères.

J'avais remarqué quelque chose de bizarre dans sa façon de placer sa plume sur sa feuille. Il dessinait des deux mains, faisant passer la craie ou la plume de l'une à l'autre, de droite à gauche, sans difficulté apparente. Mais il écrivait uniquement de la main gauche. Pourtant son geste n'était pas maladroit, comme toujours chez les gauchers, avec la feuille de papier en biais et la main recourbée en forme de crochet. Le maître écrivait de droite à gauche avec une grande facilité. Je le regardais faire. C'était astucieux parce que sa main ne cachait pas son travail.

Mais je n'arrivais toujours pas à déchiffrer cette écriture. Comment faisait-il ? Les mots étaient-ils dans le désordre ? Ou bien pensait-il à l'envers dans sa tête ? Alors, transcrivait-il ses pensées de cette façon-là sur le papier pour permettre au lecteur de les lire dans le bon ordre ? Je me penchai pour voir de plus près. Je scrutai son écriture mais je n'y compris rien.

C'est alors que je vis pourquoi et je fus pétrifié. Il avait écrit de droite à gauche, les mots n'étaient donc pas dans le désordre, mais les lettres, oui. Toutes formaient une écriture en miroir, destinée à être lue par le diable. Il avait dû m'entendre retenir ma respiration.

– Tu vas avoir du mal à lire, Matteo.

– Pourquoi écrivez-vous de cette façon ? lui demandai-je. Comment faites-vous pour vous relire ?

– J'ai l'habitude, mais continue de me parler de ta grand-mère.

– Il n'y a pas grand-chose à dire. J'ai vécu avec elle à différents moments de ma vie. Mais elle était vieille et ne pouvait s'occuper de moi. Aussi devais-je trouver du travail ici ou là. Puis elle est morte.

– De quoi vivait-elle ?... Non, laisse-moi deviner, ajouta-t-il avant que je réponde. Elle était guérisseuse et elle vendait des remèdes ?

J'acquiesçai avec méfiance.

– Et elle ne prenait pas cher, poursuivit-il. Étant elle-même pauvre, elle ne voulait pas profiter de la souffrance des autres pour faire des bénéfices.

Comment se faisait-il une idée aussi juste du caractère de ma grand-mère, sans l'avoir jamais rencontrée ?

Ses yeux brillèrent en voyant à mon expression qu'il ne s'était pas trompé.

– Et à mon avis, à mesure que sa réputation grandissait, les nobles qui avaient de l'argent préféraient ses remèdes à ceux des médecins et des apothicaires ayant pignon sur rue.

Il attendit ma réaction. J'étais encore trop abasourdi pour parler mais j'approuvai en inclinant légèrement la tête. Il ajouta à la manière d'un chasseur voyant sa proie prise au piège :

– Alors… elle devait représenter une menace pour les professions médicales et les corporations et, comme elle n'était pas riche et de condition modeste, on pouvait facilement la chasser de son commerce. Elle était sans doute obligée de changer de ville assez souvent. À cette époque, étais-tu avec elle ? Certainement, avec le teint que tu as, tu as vécu dehors une grande partie de ta vie, Matteo.

Il m'avait obligé à dévoiler l'existence de ma grand-mère. Que voulait-il savoir encore ? Devinait-il déjà autre chose ?

CHAPITRE 12

Le jour se levait quand nous revînmes de la morgue. L'aube repoussait l'obscurité. Il faisait froid en ce matin d'hiver ; un mince brouillard montait de la rivière. C'était l'heure où les défunts sortis de leurs tombes s'empressent d'y retourner, avant que la lumière ne les surprenne et ne détruise leur âme.

J'accompagnais mon maître. Il fredonnait un air entraînant chanté par les gens de la campagne à l'époque des moissons. Il avait travaillé toute la nuit, à couper, explorer, disséquer, mettant en évidence, couche après couche, des organes naguère vivants. J'avais tenu la lanterne pendant qu'il mesurait et prenait des notes, vérifiait sans cesse les dimensions, puis faisait le croquis de ce qu'il avait sous les yeux, parfois d'un geste vif et précis, à d'autres moments avec soin, en donnant de tout petits traits de crayon pour dessiner les fils minuscules des vaisseaux et des veines. La lanterne n'était pas lourde, mais mon bras me faisait mal à force de la garder dans la même position. À un moment, il avait tendu la main derrière lui, cherchant quelque chose à tâtons. Je compris qu'il avait besoin de ciseaux, je les ramassai et les lui donnai. Il sursauta, je m'aperçus alors qu'il avait oublié ma présence – il ne s'était pas rendu compte de mes efforts pour rester sans bouger si longtemps tout en maintenant la lumière bien en place. Il avait œuvré sans relâche jusqu'à l'office du matin, où nous entendîmes les moines psalmodier leurs chants, tandis que l'hospice s'éveillait et se préparait à commencer la journée.

J'étais épuisé, mais lui marchait à grands pas vers le château, débordant d'énergie.

Nous dûmes attendre que les sentinelles vérifient notre identité avant de pouvoir entrer. Les gardes examinèrent le maître d'un air inquisiteur mais ne demandèrent pas d'où il venait. Ils le savaient sous la protection de leur chef, César Borgia, on ne devait donc pas l'interroger ni le retarder sous peine de sanctions. Mais les mesures de sécurité étaient strictes et il nous fallut passer trois points de contrôle avant d'atteindre les remparts. Contrairement à ceux de Perela, ces soldats paraissaient nerveux. Le fait d'être plus près du quartier général de Borgia à Imola les obligeait à rester en alerte.

Beaucoup plus grand que la forteresse du capitaine Dell'Orte, le château d'Averne possédait des fortifications plus robustes. Ses hautes murailles entourées de douves étaient défendues par un pont-levis. Mon maître donnait ses instructions aux architectes qui surélevaient les murs et érigeaient des contreforts pour installer davantage de canons. Il établissait des plans afin de renforcer les ouvrages défensifs et construisait des maquettes pour élaborer des machines de guerre compliquées. Des messagers faisaient parvenir à César Borgia des copies de ces relevés pour qu'il les étudie, les maquettes étant conservées dans l'atelier du maître en attendant la visite du Valentin.

Après notre arrivée à Averne, Felipe partit pour Florence acheter des fournitures. À peine nous avait-il quittés que Graziano s'alita, souffrant de maux d'estomac. Je dus alors m'occuper de différentes choses comme des vêtements du maître ou des repas, ranger la pièce où il travaillait et, d'une façon générale, lui épargner les soucis de la vie courante.

Il exigeait chaque matin une chemise et des sous-vêtements propres. Selon une habitude de ma grand-mère, je demandai aux blanchisseuses du château de disposer de la lavande dans son linge.

Il s'en rendit compte et me confia :

– Depuis que tu t'occupes de mon linge, Matteo, mes chemises sentent bien meilleur qu'avant.

Certes, la remarque n'avait rien d'extraordinaire mais j'étais sottement content.

Je m'assurais que ses vêtements étaient en bon état et que ses bottes et ses chaussures étaient bien cirées. Dans son atelier, je rangeais son matériel et préparais chaque jour de nouvelles provisions de papier dont il faisait une grande consommation. Je m'occupais de tout ce dont il avait besoin. Ainsi, j'observais la façon dont le château fonctionnait et voyais tout ce qui s'y passait.

Les écuries furent agrandies afin d'accueillir plus de chevaux. Les réserves furent nettoyées et on entassa des quantités supplémentaires de blé, d'orge, de son, de millet et de pois chiches. Dans les caves, on entreposa des barriques de vin, des caisses de fruits secs, de poissons salés et de viande séchée. On disposa du fourrage et de la paille dans les cours. On transporta de la pierre depuis les carrières de Bisia ; chaque jour, d'énormes blocs passaient la porte d'entrée dans des chariots péniblement traînés par des bœufs. On achemina par la rivière sur des chalands des tuiles, du bois et d'autres matériaux que l'on déchargea sur les quais en aval de la ville. Averne s'apprêtait à soutenir un siège.

En Romagne et dans les provinces voisines, des rumeurs folles commençaient à circuler. On parlait de la duplicité des condottieres, les capitaines des mercenaires, qui avaient fait allégeance à César et engagé leurs troupes à ses côtés. Ces capitaines, déçus par César, redoutaient son pouvoir. Ils craignaient un possible revirement de sa part et pourtant ils lui restaient fidèles. Et ils citaient en exemple la ville d'Urbino.

Au début de cette année-là, le duc Guidobaldo d'Urbino avait chaleureusement reçu Lucrèce, la sœur de César Borgia ; elle s'y était arrêtée, allant de Rome à Ferrare pour son mariage. Pour lui témoigner les honneurs dus à son rang, le duc Guidobaldo lui avait laissé son magnifique palais de Montefeltro. Il avait organisé un bal en son honneur et l'avait couverte de cadeaux. Mais sa générosité ne l'avait pas protégé de l'ambition du frère de Lucrèce, qui s'empara de la ville.

Par la suite, César Borgia justifia haut et fort cette décision : il prétendait avoir la preuve que le duc complotait contre lui. Or la forteresse d'Urbino commandait le passage entre la Romagne et la Toscane et César entendait s'assurer que ses armées puissent se déplacer librement. Il envahit le duché d'Urbino pour cette seule raison.

Cette action choqua toute l'Italie. Les autres princes et ducs crurent leur situation menacée. Devenus des tyrans, César et son père, le pape, ne s'arrêteraient pas avant d'avoir la mainmise sur l'ensemble du territoire.

À Averne, on colportait que les princes se défendraient. Des rumeurs évoquaient une ligue secrète, une conspiration pour renverser Le Valentin, dans laquelle les condottieres étaient impliqués. Mais j'avais vu à l'œuvre la justice expéditive de Borgia, aussi évitais-je de prendre part à ces conversations imprudentes. Il fallait se tenir sur ses gardes et ne pas trop parler.

Le maître me mit la main sur l'épaule tout en marchant vers ses appartements.

– Matteo, il vaut mieux ne pas dire où nous sommes allés cette nuit.

Faire promettre de garder le silence n'était pas dans sa nature. Quand il avait admis quelqu'un dans son cercle d'intimes, il lui faisait confiance. D'une grande prudence concernant ses pensées et ses sentiments, il gardait le secret sur son travail en recourant à l'écriture en miroir et aux symboles connus de lui seul. Pourtant il aimait accueillir les gens dans sa maison, partager ses repas, échanger des histoires et des bons mots avec eux.

En arrivant dans les pièces du château mises à sa disposition, je posai la lanterne et attendis la permission d'aller me reposer un peu. Je dormais dans une petite chambre tout près de son atelier.

– Notre visite de cette nuit à la morgue t'a troublé ?

Il sortit une plume, de l'encre et du papier. Visiblement, il allait se remettre au travail.

– Ce que vous faites est… étrange, lui fis-je remarquer.

– Disséquer des cadavres est une pratique assez courante.

Sans doute. Les universités utilisaient à cette fin les corps des criminels exécutés. Parfois les sculpteurs étaient autorisés à assister, voire à participer à ces dissections. Leurs statues de bronze et de marbre étaient ensuite plus vraies que nature.

– De nombreuses branches de la science en tireront profit, poursuivit mon maître. Mais certains, par peur ou par ignorance, ne le comprennent pas.

– Le moine de la morgue, le père Bénédict, répliquai-je, pourrait parler de ce que vous y faisiez.

– Bonne remarque, Matteo. Cet ordre de moines hospitaliers n'a pas fait vœu de silence.

Il réfléchit un moment.

– Mais non. Le père Bénédict ne parlera pas. Il avait conscience que mon travail risquait de ne pas être compris.

– Il m'a fait peur.

Mon maître me regarda avec intérêt.

– Pourquoi ?

– Il semblait penser que ce que vous faisiez n'était pas bien.

– Je n'ai pas eu cette impression.

– Et s'il fait un rapport sur vous aux autorités ?

– Je ne crois pas qu'il le fera.

– Quand il a discuté avec vous, n'avez-vous pas trouvé qu'il paraissait très mécontent ?

– Pas du tout.

– Il vous a menacé.

– Pas exactement, corrigea mon maître. Le père Bénédict a apprécié le caractère stimulant de la discussion. N'as-tu pas vu comme ses yeux se sont animés quand il réfléchissait pour savoir s'il devait me laisser approcher de ceux dont il avait la garde ?

Pendant qu'il parlait, le maître prit un fusain et, en quelques traits, il dessina.

J'en eus le souffle coupé.

Il avait croqué le père Bénédict en plusieurs petits croquis. Sa première esquisse le montrait près de la prostituée. Les cheveux de la jeune femme tombaient en cascade autour de son visage. Penché au-dessus d'elle, le moine bénissait la défunte. La compassion se lisait dans chaque trait du religieux, dans chaque ombre dessinée.

Je regardai mon maître. Je repensai à l'instant où nous étions entrés dans la morgue et à la façon dont son esprit fonctionnait alors ; il devait probablement réfléchir, considérer les raisons de porter son choix sur tel ou tel corps, juger de son intérêt scientifique et, en même temps, s'interroger d'un point de vue moral sur le sens de sa recherche. Il avait amené le moine à admettre que la présence divine apparaissait dans l'œuvre de l'artiste, jusque dans ses travaux de dissection. Tout en lui parlant, il l'avait observé avec minutie.

Le maître se remit à dessiner, cette fois la moitié d'un visage, un nez, un front, un œil, la bouche.

– Je sais que cette discussion a intéressé le père Bénédict, tu as vu sa façon de froncer les sourcils, le petit trait qui apparaissait sur l'arête de son nez au bas du front ?

Le maître tendit la main et effleura du doigt l'arête de mon nez.

– Mais cet air renfrogné ne signifiait pas qu'il était de mauvaise humeur ; il traduisait plutôt une tension extrême, un esprit occupé à réfléchir.

Mon maître tapota le papier.

– On ne le remarquait pas quand il récitait les Saintes Écritures, car il était alors en terrain connu.

– Parce qu'il les a apprises par cœur.

– Eh oui, Matteo !

Le maître me jeta un coup d'œil.

– Tu t'en es rendu compte, tu es drôlement perspicace !

Il se remit à dessiner.

– Tu as raison, le moine croit tellement aux Écritures que pour lui il n'existe plus de mystère, ou bien…

Le maître marqua une pause puis il poursuivit comme pour lui-même :

– Non, dans le cas particulier du moine, il a tellement bien assimilé la Parole de Dieu qu'il est capable de la répéter sans réfléchir.

J'attendis, ne sachant pas si mon maître allait continuer de parler, car j'étais incapable de saisir le sens de son discours.

– Comprends-moi, Matteo. Il a foi dans la Parole divine, il y a consacré toute sa vie, elle est tout entière en lui. Il vit le message du Christ et obéit à son enseignement qui commande de prendre soin des malades et des malheureux.

– « Heureux ceux qui sont dans le besoin et ne savent où aller », répondis-je. Croyez-vous qu'il ne fait plus attention au sens des mots, qu'il se contente de les réciter ?

– Pourquoi poses-tu cette question ?

– Parce que n'importe qui peut réciter un passage des Écritures.

Il me regarda très attentivement.

– Lequel par exemple ? demanda-t-il.

J'eus un coup au cœur. Voulait-il me mettre à l'épreuve ?

Il dessinait toujours mais il attendait une réponse. Il avait la faculté, me semble-t-il, de penser à plus de deux choses à la fois. J'allais devoir lui réciter un passage et il verrait si j'étais chrétien ou non. J'avais confiance en moi, je pouvais réussir cette épreuve. Ma grand-mère aimait lire à voix haute des psaumes et des passages de la Bible et je retenais bien les textes dont la langue est riche.

– Par exemple, n'importe quel extrait connu, répliquai-je négligemment.

– Vas-y, cite-m'en un.

J'hésitai, puis je me rappelai le moine de la morgue et sa référence à la Genèse où Adam et Ève sont bannis du jardin d'Éden. Je pris ce passage comme guide :

– Alors ils entendirent la voix du Seigneur… et l'homme et la femme se cachèrent loin de la face du Dieu éternel au milieu des arbres du jardin. Mais le Seigneur appela l'homme et lui dit : « Où es-tu ? » Il répondit : « J'ai entendu ta voix dans le jardin et j'ai eu peur, parce que je suis nu et je me suis caché. »

– Et tu crois que ce n'est pas bien d'être nu ?

Le maître continuait à faire ses croquis en donnant de légers coups de crayon, mais je savais son esprit absorbé par notre discussion.

– Je l'ignore, répondis-je. « Nus, nous vînmes au monde et nus nous le quitterons. »

– Tu m'intrigues, Matteo. Voilà quelqu'un qui voyage seul et pourtant pense en utilisant le pluriel, un nomade qui n'est pas un nomade, un garçon qui n'est plus un garçon. Vêtu comme un paysan, tu parles comme un érudit.

– Si je vous déplais, je m'en vais, lui lançai-je avec une certaine raideur, ne sachant pas si j'avais été insulté.

Le maître s'arrêta de dessiner mais ne leva pas la tête. Il y eut un long silence.

– Tu ne me déplais pas, dit-il enfin. Loin de là, mais à toi de décider si tu veux rester avec moi.

CHAPITRE 13

Comme le château d'Averne se préparait à la guerre, mon maître eut moins de temps pour se rendre à la morgue. Cependant, quand il en avait l'occasion, il préférait que je l'accompagne. Felipe était rentré de Florence et Graziano ne souffrait plus du ventre. En leur absence, j'étais devenu son compagnon. Me voyant capable de préparer ses sorties, Felipe et Graziano me laissèrent m'occuper de tous les détails.

Felipe était revenu avec deux mules de bât chargées de boîtes et de paquets. Outre le papier, le vélin et les brosses neuves, il avait rapporté du matériel, ainsi que de la fourrure et des peaux pour confectionner des vêtements, des bottes et des chapeaux destinés à affronter l'hiver. Je n'avais pas imaginé qu'on m'habillerait, moi aussi. Je fus donc très surpris d'être convoqué au château par le chef de la garde-robe qui voulait prendre mes mesures.

Graziano et Felipe se trouvaient déjà dans les ateliers des tailleurs. Graziano aimait la bonne chère, mais il aimait aussi être bien habillé ; il portait ce matin-là autour du cou une fourrure d'hermine.

– Ai-je l'apparence d'un grand seigneur ? me demanda-t-il.

En fait, la fourrure faisait surtout ressortir les bourrelets qu'il avait autour du cou ; en ce sens, il ressemblait bien à ces grands seigneurs et à ces princes que j'avais vus à Ferrare et à Venise. J'approuvai d'un signe de tête et je restai à la porte, mais Graziano vint à ma rencontre pour me présenter à Giulio, le maître tailleur.

Giulio paraissait très sûr de lui et se croyait le plus élégant des hommes. Il me toisa du regard alors que le tailleur mesurait mes bras et mes jambes.

– À mon avis, il faudrait lui couper les cheveux.

– Qu'est-ce qu'ils ont, mes cheveux ?

Ma grand-mère avait toujours insisté pour que je les garde longs et j'en avais pris l'habitude.

Giulio fronça le nez en signe de dégoût.

– Il en a vraiment trop.

– En hiver, avoir les cheveux plus longs est une question de bon sens.

– Que vient faire le bon sens avec la mode ou le style ?

Tout le monde rit, y compris le maître qui venait d'entrer.

Giulio saisit un peigne et, d'un petit geste vif, ramena ma tignasse en arrière.

– Voyons un peu ce qui se cache sous cette abondante crinière et les couleurs ou le style susceptibles de mettre en valeur ce garçon.

Je ne bougeais pas. Si je continuais à l'irriter, j'avais peur qu'il suggère de me raser la tête, comme on le faisait une fois l'an aux garçons d'écurie pour les débarrasser de leurs poux.

Il se pencha vers moi et me dit :

– Je vois que tu as les marques des doigts de la sage-femme derrière ton cou. Ne t'inquiète pas, nous allons te faire une petite coupe en veillant à ne pas te dégager la nuque.

Me voir ainsi secoué, examiné sous toutes les coutures, me fit devenir écarlate.

J'essayai de protester, mais Felipe me jeta un regard sévère car le maître l'avait ordonné ainsi.

Ils parlaient comme si je n'avais pas été là, imaginant la couleur de mon haut-de-chausses, le style de ceinture approprié, s'inquiétant de savoir si mes bottes devaient m'arriver au-dessus ou en dessous du genou. J'avais l'impression d'être une poupée entre les mains d'une petite fille.

– On raconte que le style de manche français est à la mode en Europe.

Surpris, je levai la tête : mon maître venait de faire ce commentaire. Il fouillait dans les boîtes et les paquets à moitié défaits, sortant des rouleaux de tissu, de brocart et de velours, et comparait les couleurs entre elles.

– J'aimerais que Matteo porte un pourpoint matelassé pour assister aux manifestations officielles. J'aurai besoin de l'avoir à mes côtés quand je serai invité à un dîner.

– Si son habit est trop rembourré au torse, on remarquera ses jambes maigres, objecta Giulio.

– Ce haut-de-chausses vert mousse lui irait parfaitement, suggéra le maître.

– Une couleur sombre, sans doute, acquiesça Giulio, mais si vous l'habillez en vert, avec ces jambes-là, on va le prendre pour une sauterelle.

Des rires fusèrent. En plus du malaise que j'éprouvais, je commençais à ressentir un certain agacement. Je dansais d'un pied sur l'autre.

Graziano le remarqua :

– Pourquoi ne laisse-t-on pas Matteo décider lui-même ?

– Je me soucie peu de savoir quel style est à la mode actuellement, répliquai-je. Les vêtements sont faits pour couvrir le corps et tenir chaud.

– Ah non, Matteo, protesta le maître. Les vêtements remplissent aussi d'autres fonctions.

Je n'aurais pas dû être surpris de l'intérêt de mon maître pour ces questions. La couleur et la coupe d'un habit le captivaient autant que le reste.

Il me dévisagea.

– Es-tu étonné, Matteo, qu'il soit si important de coudre ou de ne pas coudre de la fourrure sur les bords d'une cape ?

– Il ne s'agit pas de mode, répondis-je. La fourrure d'un animal, en particulier celle de l'hermine, sert à se protéger du vent.

Le maître vint se placer à côté de moi. Il me présenta une peau d'hermine.

– Montre-moi, Matteo.

Je pris la fourrure et laissai courir mes doigts à rebrousse-poil.

– Voyez comme le poil se remet vite en place. De plus, il change de couleur. L'hiver, l'hermine devient blanche et peut ainsi se cacher dans la neige.

– Pour quelle raison ? interrogea le maître.

Je l'observai. Il devait connaître la réponse et me mettre une nouvelle fois à l'épreuve.

– Pourquoi ? répétai-je. Mais pour rester en vie, tout simplement.

– De toute façon, ne survivrait-elle pas quand même ?

– L'hermine est la proie d'oiseaux tels que le milan et le faucon. En hiver, ils la verraient aisément si sa fourrure ne changeait pas de couleur.

– Et comment l'expliquer ?

– Par la main de Dieu, bien sûr, affirma Giulio. Les choses sont ce qu'elles sont par la volonté de Dieu.

Graziano et le tailleur échangèrent un regard.

Mon maître ne le remarqua pas, mais Felipe s'en aperçut.

– Que faut-il d'autre pour ce garçon ? interrompit-il. Vite, maintenant, Giulio, avant que messire Léonard ne décide d'examiner en détail la maille de chaque chaussette.

Giulio sourit. Grâce à Felipe, son humeur avait changé : légèrement méfiant jusque-là, il était maintenant aimable.

– Voyons les tissus de couleur que Felipe s'est procurés à Florence, proposa Graziano, et la façon dont ils pourraient s'accorder avec l'ensemble.

Même mon maître fouillait dans les étoffes. Il associait des couleurs auxquelles on n'eût pas pensé, comme le bordeaux avec le rose ou le violet et le bleu, proposant d'ajouter des taillades dorées à une tunique vert foncé.

– Et les cheveux du garçon doivent être coupés, cria Giulio quand finalement nous partîmes.

Je me présentai donc chez le barbier du château et on me coupa les cheveux. Comme un mouton que l'on vient de tondre, je regagnai les appartements du maître.

– Eh bien, Matteo, tu as donc bien des yeux sous cette tignasse, plaisanta Graziano en me voyant.

Ils étaient tous les deux assis sur des tabourets. Le maître m'appela et, me prenant par le menton, il étudia mon visage.

– Oui, ses traits me rappellent un tableau… dit-il d'un air songeur. Ton front a de la profondeur et ta bouche est charnue. Les pommettes sont bien placées, elles détermineront ton regard quand tu deviendras adulte. Je pense que tu pourrais avoir l'air hautain, Matteo, si tu voulais.

Je baissai la tête et essayai de lui échapper, mais il me conduisit d'une main ferme devant un grand miroir installé par ses soins dans un angle à l'opposé de la fenêtre, afin de voir ce qui se passait dehors quand il travaillait. Il semblait satisfait, mais j'étais gêné car on n'avait pas recouvert la glace et elle réfléchissait mon image. Je n'étais pas à mon aise face à un miroir. Nous étions en désaccord, ma grand-mère et moi, sur cette question.

– Le sang qui coule dans tes veines te rend superstitieux, me gronda-t-elle un jour où j'insistais pour qu'elle recouvre ceux de notre roulotte.

J'avais écouté les histoires qui circulaient chez les autres nomades autour des feux de camp et je savais qu'on risquait de perdre son âme en scrutant son reflet dans une glace.

Ma grand-mère se moquait de cette croyance.

– Ce n'est pourtant que du métal poli, m'avait-elle expliqué un jour, ou une plaque de verre derrière laquelle on a appliqué un amalgame métallique. En fait une chose simple ; d'autres éléments ont cette propriété de réfléchir la lumière. L'eau par exemple, qui est la source de toute vie. Par beau temps, si tu regardes dans un lac, tu verras le ciel et ta propre image se refléter.

– Mais, avais-je répondu, pense à ce qui est arrivé à Narcisse, lorsque, penché au-dessus de l'eau, il surprit son image et la trouva si belle qu'il en tomba amoureux. Il passa le reste de ses jours à attendre cet amour sans espoir, un amour qui jamais ne serait partagé. Il se languit et il mourut : des fleurs poussèrent à cet endroit.

Ma grand-mère avait secoué la tête en signe de désaccord.

– C'est un conte inventé par les Anciens pour expliquer pourquoi la fleur appelée narcisse pousse souvent près de l'eau.

Pourtant il devait y avoir du vrai dans ce conte car l'eau, tel un miroir, avait cloué Narcisse près du lac. Pour quelle autre raison aurait-on imaginé une histoire pareille ?

– Parce que nous ne comprenons pas tout, Matteo, avait répondu ma grand-mère. Mais, comme nous sommes des êtres humains, nous cherchons toujours à comprendre.

Je me souvenais des paroles du maître : « Nous nous efforçons de comprendre. »

– Et quand nous n'y arrivons pas, avait continué ma grand-mère, nous inventons des histoires pour expliquer l'inexplicable. Dans les temps anciens, s'agissant du soleil, les hommes imaginaient que la lumière venait sur la Terre en la personne du dieu Râ. Il naissait chaque matin et il mourait le soir très vieux, après avoir traversé le ciel dans un chariot d'or. Nous savons que ce n'est pas vrai et qu'il n'y a rien à craindre d'une image reflétée par un miroir.

Cependant, je n'étais pas convaincu que les miroirs ne fussent pas porteurs d'un mauvais sort. L'histoire de Narcisse en est une illustration parmi d'autres. Aussi, quand le maître me conduisit devant la glace, je ne fis que jeter un œil. Je ne voulais pas m'attarder, mais mon attention fut attirée par l'image que je voyais.

Je la fixai.

Le garçon dans le miroir m'observa à son tour.

Je ne le connaissais pas. Son apparence m'était à la fois étrange et familière ; il avait les oreilles décollées, des yeux immenses et le visage très anguleux.

Le maître devait avoir remarqué mon trouble.

– Ne t'inquiète pas. Tu es à l'âge ingrat où l'on n'est ni un enfant ni un adulte. Tu n'es plus le gros bébé d'autrefois mais tu es encore bien jeune. C'est une période difficile. Mais je crois que lorsque tu auras atteint l'âge d'homme, tu feras battre le cœur des dames.

Je fronçai les sourcils, espérant ainsi m'enlaidir.

Il se moqua de moi et me donna des petites tapes sur la tête.

– Si tu veux être repoussant, alors permets-moi de t'annoncer que c'est raté. Tu deviens encore plus intéressant, Matteo, quand tu prends cet air féroce. Tu plairas beaucoup aux femmes.

Je pris une mine encore plus renfrognée et m'écartai de lui.

– Matteo, intervint gentiment Graziano, apprends à accepter les compliments.

Je m'étais retiré le plus loin possible dans un coin de la pièce, d'où je répondis sur un ton brusque :

– J'ignorais que c'était un compliment.

– Soit, mais tu ne dois pas réagir en tapant du pied et en te repliant sur toi-même, remarqua Felipe.

– Ou en portant un coup avec une dague, insinua le maître.

Je retins mon souffle. Pensait-il au moment où il m'avait vu menacer Paolo avec la pointe de son couteau ?

– Efforce-toi de ne pas réagir sur le coup de l'émotion.

– Alors, on n'est pas fidèle à soi-même, répliquai-je.

– Nous vivons en société, observa Graziano d'un ton très doux.

– Il faut savoir se conformer à certaines règles, renchérit Felipe. Les bonnes manières nous aident à vivre ensemble, même si elles nous paraissent ridicules.

– Raison de plus pour ne pas changer, m'obstinai-je. On ressent ici, ajoutai-je en plaçant la main sur mon cœur, de vraies émotions qui doivent guider nos actions.

– Mais ne vaudrait-il pas mieux contrôler tes émotions, plutôt que te laisser dominer par elles ? interrogea le maître.

– Alors, peut-on affirmer qu'il s'agit encore d'émotions ? lui demandai-je.

Les autres rirent, mais le maître prit une fois de plus ma remarque au sérieux.

– Ce n'est pas facile, je te l'accorde, surtout lorsqu'on est jeune et que le fait d'être fidèle à soi-même est très important. D'ailleurs, c'est très bien ainsi. Mais comprends-moi, Matteo : nous ne rejetons pas tes sentiments, nous remettons juste en cause les réactions provoquées par ce que tu éprouves. La non-maîtrise de soi peut avoir des conséquences désastreuses. Pour toi et les autres, t'en rends-tu compte ?

J'acquiesçai en marmonnant. Il poursuivit :

– Il vaut mieux réfléchir avant d'agir. Cela impressionne et c'est bien plus efficace.

– Voilà une devise dont pourrait se servir Borgia, murmura Graziano.

Felipe regarda dans sa direction et aussitôt il se tut.

CHAPITRE 14

J'avais gardé de mon ancienne tenue la petite ceinture et la bourse que je portais sous ma tunique. Mes épais vêtements les dissimulaient à la vue. Si on m'avait interrogé, j'avais décidé de répondre que j'avais là un cadeau auquel je tenais beaucoup. Même s'il me rappelait l'existence de Sandino, je n'avais pas pensé à lui depuis longtemps. Nous étions à des lieues de Perela, au sud de Bologne, loin de lui.

Mon maître s'occupant des questions militaires, je reçus une éducation tournée vers le métier des armes. J'appris ainsi que, dans le cou, à un travers de main de la clavicule, se trouve un des organes les plus vulnérables du corps humain. Ce long canal est essentiel à la vie. Si on le sectionne, on perd son sang très rapidement.

– Si l'on perce cet endroit avec un couteau pointu ou une épée, m'avait expliqué le maître en posant sa main sur mon cou, la mort survient en quelques secondes. Voilà pourquoi j'ai modifié les tuniques des soldats.

Il me montra son nouveau modèle de collier en mailles, conçu pour pendre sous le casque. Les armuriers du château étaient en train de le forger. Le maître regardait les soldats s'entraîner et discutait de tactique militaire avec les artilleurs. Il avait en projet la réalisation d'un immense canon dont il calculait les dimensions et le poids.

Qu'il puisse à la fois aimer la nature et construire des engins de mort restait pour moi une énigme. Mais il n'avait pas d'argent et ne pouvait prétendre, étant un enfant illégitime, à une aide de la part de son père. Son existence et celle de ses gens reposaient entièrement sur la protection des puissants.

Il lui arrivait encore d'aller à la campagne de temps en temps et mes connaissances en botanique l'intéressaient. Il cherchait à connaître le monde dans lequel nous vivons. Souvent, il me posait des questions sur ma grand-mère et sur ses talents d'herboriste et il notait les préparations dont je me souvenais.

Un jour que nous chevauchions loin du château d'Averne, Graziano, qui depuis le matin gémissait en se tenant le ventre, nous demanda de nous arrêter. Il venait d'apercevoir une plante sur le bas-côté du chemin. Nous mîmes pied à terre, il la cueillit et voulut en mâcher une feuille. Sans réfléchir, je lui arrachai la feuille des mains.

– Il ne faut pas en manger ! m'écriai-je.

– C'est de la menthe, protesta-t-il. Elle va guérir mon mal de ventre.

– Non, ce n'est pas de la menthe, répliquai-je.

– Qu'avez-vous trouvé ? demanda le maître d'une voix dénotant un vif intérêt.

Graziano ricana :

– Je suis en train de me faire donner une leçon par un gamin. D'après Matteo, si je mange de cette herbe, je vais mourir.

– Mourir, sans doute pas, remarquai-je. Mais il est certain que vous aurez mal au ventre avant même le coucher du soleil et au moins pendant quelques jours.

– Je prends de la menthe depuis longtemps car j'ai constamment mal au ventre.

– Mais ce n'est pas de la menthe, répétai-je, même si ça y ressemble.

Le maître prit la plante et l'examina.

– Comment le sais-tu, Matteo ? Tu en es sûr ?

Il me posait cette question car il admettait qu'un garçon de mon âge puisse en savoir plus que lui.

– Il s'agit d'une plante ressemblant à la menthe mais elle ne pousse pas dans les mêmes endroits, répondis-je.

– Il existe de nombreux types de menthe, expliqua le maître. De différentes couleurs, depuis le vert émeraude jusqu'à un dégradé de jaune et une variété appelée dictame de Crète ou origan à fleurs. N'en est-ce pas seulement une nouvelle ?

– Non, car le dessous de cette feuille n'est pas comme la menthe véritable.

Je cherchai autour de moi et je finis par trouver une feuille de menthe.

– Vous voyez ?

– Oui, je vois, Matteo, acquiesça-t-il en me prenant la feuille des mains, elle est ce qu'on appelle panachée.

Puis il répéta le mot, lentement, pour que je l'assimile bien : « Panachée. »

Je hochai la tête pour montrer que j'avais retenu ce nouveau terme.

– Il y a donc une différence de couleur dans la feuille. (Il la retourna dans sa main.) Elle a dû subir une modification à partir de la menthe véritable… ou bien est-ce la menthe qui a évolué ? Voilà une question intéressante.

– La menthe est utilisée dans la cuisine depuis les temps qui ont précédé la Rome antique, s'obstina Graziano. Ses propriétés digestives sont bien connues.

– Oui, mais cette plante-ci produit l'effet inverse, répondis-je avec le même entêtement. Nous en donnions aux animaux pour les faire vomir quand ils en avaient besoin.

– Graziano, interrogea le maître, veux-tu me rappeler quand tu as commencé à avoir mal au ventre ?

– A-t-on vraiment besoin de le préciser ? plaisanta Felipe. Le monde entier sait quand Graziano ne va pas bien !

– Il y a plus de deux ans, je suis tombé malade pendant l'été, se souvint Graziano. Je séjournais alors près de Milan et le temps était très lourd. On me conseilla de mâcher des feuilles de menthe et je fus soulagé. Depuis ce temps-là, j'en prends.

– Donc, tu souffres de problèmes de digestion chroniques depuis cette période, observa le maître. Essaie de comprendre. Tu étais malade et on t'a conseillé de prendre de la menthe, ce qui est bien. Mais depuis, nous avons fait du chemin et tu as continué à ramasser cette prétendue menthe qui, au lieu de soulager ton ventre, a aggravé ton mal.

– Vous mangez trop aussi, ajoutai-je. (Car je l'avais vu s'empiffrer la veille, tard dans la soirée.) Si on remplit son estomac juste avant d'aller se coucher, on ne sent pas bien le lendemain, c'est sûr.

– Parle clairement, Matteo !

Felipe se tordait de rire. Le maître n'était pas en reste. Mon regard alla de l'un à l'autre. Je ne comprenais pas pourquoi c'était si drôle.

Le maître me tapa sur l'épaule.

– La vérité sort de la bouche des enfants !

Graziano baissa la tête en prenant un air contrit.

– Je ne peux pas nier que j'aime bien manger.

– Si tu cesses de faire de bons repas le soir, peut-être apprécieras-tu davantage les petits déjeuners du matin, conseilla Felipe.

– Laissez-moi faire un croquis, demanda le maître, ce ne sera pas long.

Ses amis échangèrent des regards entendus en le voyant s'asseoir sur une pierre.

– Aussi long que les repas de Graziano, nota Felipe avec esprit, mais en prenant garde de ne pas parler trop fort, pour ne pas déranger le maître.

Felipe avait rapporté de son voyage à Florence une provision de carnets cousus par les relieurs de la ville, suivant les indications du maître pour qu'il en porte toujours un à la ceinture. Il remplissait parfois un carnet en une journée, couvrant les pages de dessins et de notes. Il était donc terriblement difficile de compter ses manuscrits ou de les ranger, bien que le maître se rappelât ses dessins et ses notes. Ceux qui travaillaient avec lui le savaient : chacune de ses feuilles devait être soigneusement conservée, même les esquisses. Il accumulait des connaissances de toutes sortes, puis il les transcrivait dans ses croquis, ses histoires et ses fables ainsi que dans une multitude d'annotations.

Le maître se plongea dans l'étude de cette plante et de celles qui poussaient dans cet endroit ombragé où nous restâmes jusqu'à la fin de la journée. Felipe et Graziano se montraient attentifs et prévenants envers lui. Le maître étalait les feuilles, les fleurs, les plantes après les avoir dessinées ; ils les rassemblaient pour les presser avec soin entre deux pages. Ils vérifiaient qu'il avait de la nourriture, du pain et une bouteille de vin coupé d'eau. Je fis mon possible pour me rendre utile, faisant pâturer les chevaux, les emmenant boire à la rivière. Je cherchai aussi, plus loin sous les arbres, des échantillons de plantes rares.

Le maître m'appela :

– Connais-tu cette plante ?

– Oui, nous l'appelons... commençai-je avant de m'interrompre (il fallait que j'apprenne à ne pas dire « nous »). À la campagne, on l'appelle l'étoile de Bethléem.

Ce fut un émerveillement : il avait dessiné avec une extrême précision la feuille, la tige et les minuscules vrilles velues qui s'enroulaient en spirale sur le dessous de la feuille.

Mon attention fut attirée par quelque chose à côté de lui. Surprenant mon regard, il me demanda :

– Que penses-tu de cela, Matteo ?

– C'est le fossile d'un animal qui vivait là il y a longtemps.

Tournant les pages de son carnet, il me montra le croquis qu'il en avait fait, ainsi que des dessins de pierres, de formes et de tailles différentes.

– Maître, je sais que vous êtes ingénieur et que vous êtes chargé par César Borgia de renforcer la défense de ses châteaux. Vous êtes peintre, mais vous cherchez aussi à faire avancer les connaissances médicales en pratiquant des dissections. Et maintenant, vous semblez intéressé par les plantes et par les pierres. Quel est donc votre champ d'étude ?

– Tout.

– Tout ? C'est-à-dire ?

Il se mit à rire.

– Je cherche à m'instruire sur tout. J'ai un esprit curieux, affirma-t-il en plaçant son doigt sur mon front, et toi aussi, je le remarque.

Je me rappelai le jour où, devant la table de dissection, je m'étais penché pour observer ce qu'il faisait. Il s'était arrêté, avait retiré sa main et il m'avait dit :

– Regarde bien, Matteo, pour voir ce que tu peux découvrir par toi-même.

Il était en train d'examiner une langue à la loupe.

De retour dans son atelier, il rechercha parmi ses dessins celui d'un lion et me le présenta. Il me raconta que, du temps où il travaillait pour le duc de Milan, il avait vu un lion dans une fosse. Un jour, il s'était assis pour regarder le fauve dépecer un agneau en se servant uniquement de sa langue râpeuse. En me montrant son dessin, il avait conclu :

– La langue du lion est adaptée à cet usage.

Ainsi il m'instruisait dans de nombreux domaines et, en contrepartie, je lui transmettais mes connaissances en botanique. Je n'étais pas allé à l'école mais je savais ce qui pouvait guérir et ce qui pouvait tuer. Je connaissais les plantes qui guérissaient, mais aussi les poisons.

Je connaissais très bien les poisons.

Mais ce jour-là, alors que le soir tombait, le maître referma son carnet. Après avoir rangé ses échantillons de plantes, nous rentrâmes à Averne. Au château, une convocation de César Borgia nous attendait. Le Valentin avait envoyé le message depuis sa résidence d'hiver d'Imola. Il demandait à Léonard de Vinci de le rejoindre sans tarder.

CHAPITRE 15

Dès le lendemain soir, nous étions à Imola. Les braseros fixés aux murs du château éclairaient les fanions noirs et jaunes de César Borgia flottant en haut des tours. Alors que nos chevaux traversaient le pont et passaient sous le drapeau à l'emblème du taureau, dans un cliquetis de brides et de mors, un homme à la peau basanée vint à notre rencontre, un flambeau à la main.

– Messire Léonard, je suis Michelotto, l'écuyer personnel du prince César Borgia. Son Excellence désire vous parler immédiatement.

– Je suis à ses ordres, répondit le maître.

Il jeta un coup d'œil à Felipe, qui s'inclina légèrement :

– Je vais aller m'occuper des bagages et de notre installation.

– Que Matteo prenne ma sacoche et vienne avec moi. Je l'enverrai chercher d'autres dessins ou des maquettes si le prince le demande.

Nous suivîmes le dénommé Michelotto à travers un dédale de couloirs et nous arrivâmes jusqu'à l'homme le plus redouté d'Italie. Quand nous entrâmes dans la pièce au premier étage du château, César Borgia se leva de la table où il était assis et vint nous saluer. Âgé de trente ans à peine, il était grand, marchait avec grâce et d'un pas décidé. Malgré un visage marqué par le mal de Naples[1], il avait une beauté sombre et des yeux vifs. Il portait une tunique noire, en tissu côtelé finement cousu, des hauts-de-chausses noirs et de grandes bottes en cuir noir. La seule note de couleur était une pierre précieuse au majeur de la main gauche : une grosse bague en or sertie d'un énorme rubis rouge sang.

– Les nouvelles sont mauvaises, messire Léonard, dit-il en saisissant le maître par l'épaule pour le conduire à la table. Mes espions (ajouta-t-il en inclinant la tête et je remarquai alors deux hommes dans la pénombre) m'ont averti qu'il fallait se préparer à soutenir un siège.

Il éclata d'un rire plus terrifiant qu'un cri de colère.

– Ici, dans ce château d'Imola, moi, César Borgia, je vais être attaqué par mes anciens capitaines. Par conséquent, j'ai de toute urgence besoin de vos conseils, tant pour la défense que pour les installations militaires du château.

1. Il s'agit de la syphilis, maladie sexuellement transmissible.

Il claqua des doigts : un serviteur se précipita pour prendre la cape de mon maître. Nous nous dirigeâmes vers la table et je sortis de la sacoche les dessins de la nouvelle armure et les maquettes des futures machines de guerre. Puis je me retirai dans un coin de la pièce, pour laisser Borgia et le maître étudier les papiers étalés devant eux ainsi que les plans du château. Pendant plusieurs heures, mon maître prit des notes et fit des croquis afin de décider des travaux les plus urgents à réaliser.

– Vous devez avoir faim, remarqua soudain César. Mangez maintenant, nous reparlerons de tout cela plus tard.

Et il nous congédia d'un signe de la main.

Nous étions maintenant dans nos appartements, situés dans une autre partie du château.

– Tous ses capitaines sont-ils impliqués dans ce complot ? demanda le maître.

Felipe répondit à sa question dans un murmure :

– Il semblerait que oui.

– Même mon ami Vitellozzo ?

Felipe jeta un œil à la porte et hocha la tête.

Le maître soupira profondément.

– Alors il pourrait bien le payer de sa vie.

– Buvez un peu de vin, insista Felipe.

Graziano s'était procuré des provisions dans les cuisines et nous nous installâmes pour manger pendant qu'ils continuaient à discuter de la situation à voix basse.

La famille Borgia voulait dominer toute l'Italie. Mais avec les armées du pape, César manquait d'hommes et d'armes ; il avait dû faire appel à des mercenaires. Il avait pu ainsi s'emparer d'une bonne partie de la Romagne. Puis ses capitaines, inquiets de voir son ambition n'épargner personne et craignant que César ne s'en prenne à eux, avaient conspiré contre lui, aidés par les seigneurs qu'il avait destitués. Graziano avait entendu rapporter par les serviteurs du château que les comploteurs s'étaient rencontrés près de Perugia pour préparer la chute de Borgia.

– Ne prends pas cet air inquiet, Matteo, me conseilla Graziano en souriant, nous disposons des bonnes grâces du prince César Borgia. Même si le château d'Imola tombait, nous aurions parmi les capitaines rebelles Vitellozzo Vitelli, un ami du maître.

Néanmoins, je n'étais pas à l'aise. Je m'étais toujours senti en sécurité dans une des places fortes de Borgia, car Sandino ne viendrait pas m'y chercher. Mais se trouver au même endroit que César Borgia était une autre affaire. Il avait fait allusion à des rapports communiqués par ses espions. J'avais vu ces hommes rôder autour du château et l'un d'eux, Sandino, devait toujours chercher à récupérer ce que je lui avais pris. Qu'avait bien pu faire l'infâme bandit pendant toutes ces semaines ? Sans doute, pour de l'argent, perpétrer un autre crime.

Je ne dormis pas bien cette nuit-là. Je n'étais pas le seul : si César Borgia se montrait rarement pendant la journée, il errait la nuit dans le palais, préparant sa vengeance envers ceux qui l'avaient trahi.

CHAPITRE 16

Le lendemain, nous nous levâmes à la première heure. Une réunion se tint avec le commandant du château. Les maçons et les menuisiers se mirent à l'œuvre, munis des plans de mon maître et des instructions concernant les travaux à entreprendre. Dans l'après-midi, le maître me demanda de l'accompagner et nous sortîmes visiter Imola. Les jours suivants, il parcourut avec moi chaque rue de la ville, de l'église franciscaine à la rivière et du château à la cathédrale. Il prit des mesures, calcula, nota et dessina.

Je marchais à ses côtés, transportant son matériel. Prétextant que j'avais froid, je faisais bien attention de dissimuler mon visage sous la capuche de mon manteau.

Une fin d'après-midi, mon maître inspecta la forteresse où des ouvriers s'activaient et il apporta certaines modifications. Après dîner, il travailla sur le plan de la ville avant de le présenter à César Borgia. Stupéfait et ravi, le prince déclara :

– Je n'ai encore jamais vu un tel document.

Il l'étala sur la table et l'étudia sous tous les angles.

– Je vois comme si j'étais un aigle. Cela me donne un tel pouvoir ! Même si la ville était prise, grâce à ces informations, nous pourrions mettre au point une stratégie et contre-attaquer. (Il paraissait très excité, ses yeux brillaient.) Vous imaginez, si j'avais une telle représentation pour chacune des villes d'Italie !

Il était si content qu'il dîna avec nous ce soir-là. Le maître, à la fin du repas, raconta une fable. C'était l'histoire d'une noix et d'un campanile. Un jour, une noix fut transportée par une corneille au sommet d'un très haut clocher et, tombée de son bec, elle alla se loger dans une lézarde du mur de l'édifice. Échappant ainsi à son destin qui était d'être mangée, elle implora le clocher de la laisser dans ce refuge. Elle avait auparavant admiré la beauté du campanile, sa grandeur, sa force et sa hauteur :

– Comme vous avez fière allure, noble clocher ! Vous êtes si élégant et si gracieux. Chacun s'émerveille de voir votre si belle silhouette dans le ciel.

Puis elle loua la tonalité harmonieuse et la belle apparence des cloches :

– Le mélodieux carillon de vos cloches résonne à travers la ville et jusque dans les lointaines collines. Chacun s'arrête de travailler pour écouter leur musique.

Elle se lamenta ensuite de n'avoir pu tomber de l'arbre qui lui avait donné naissance :

– Une cruelle corneille m'a arrachée de chez moi pour m'amener jusqu'à cet endroit. Mais si vous, ô gracieux et généreux campanile, pouviez souffrir que je m'abrite dans vos murs, alors je resterais ici pour finir paisiblement mes jours.

Et le campanile, ému, accepta.

Le temps passa. Pendant la journée, les cloches du campanile sonnaient l'angélus. La noix restait silencieuse. Mais un jour, elle s'ouvrit, et de sa coquille, de fines vrilles sortirent. Elles prirent racine dans les fissures et les lézardes du mur. Des pousses s'élevèrent plus haut que le clocher. Des branches apparurent et prirent de la vigueur. Les racines devinrent plus grosses et écartèrent les pierres de l'édifice. Le campanile comprit, mais un peu tard, qu'il était en train d'être démoli de l'intérieur. Pour finir, les murs craquèrent et il tomba en ruine.

Ce conte n'était bien sûr pas véritablement une histoire de clocher ; plutôt une fable destinée à illustrer la manière dont une personne peut habilement s'introduire dans la vie de quelqu'un, se laisser nourrir par lui et jouir de ses bonnes grâces pour, avec ingratitude, le trahir.

César Borgia prit-il cette histoire à son compte, permit-il à son noir esprit de réfléchir à la morale de cette fable tout en méditant sur sa propre situation ?

À toutes les heures du jour et de la nuit, on assistait à un ballet incessant de messagers qui lui apportaient des renseignements sur les allées et venues de ses anciens capitaines et sur l'avancement des pourparlers.

Aussi, dans les derniers mois de l'année 1502, les autres cités d'Italie attendaient-elles de voir l'issue de la rébellion. Une ville en particulier, dont le territoire touchait celui de la Romagne, était impatiente d'obtenir des informations : Florence dépêcha un émissaire à Imola pour connaître les intentions du prince César. Dans les années qui avaient précédé, l'opulente république avait chassé les puissants Médicis* et elle ne souhaitait pas les voir remplacés par les Borgia. L'assemblée florentine envoya donc messire Nicolas Machiavel* comme ambassadeur.

Ce Machiavel était un personnage fascinant et plein d'esprit, et l'ambiance changea dès son arrivée. Mon maître put parler avec lui des auteurs classiques, tandis que Felipe, avec prudence, s'entretint de la situation politique. Ils admirent que la conduite de notre hôte représentait une menace.

– Ses anciens capitaines se sont emparés de certaines villes qu'il avait prises, nous informa Machiavel. Il ne leur pardonnera jamais. Son comportement ne présage rien de bon.

À l'approche de Noël, César Borgia sembla plus détendu ; il décida de donner un dîner pour célébrer cette fête. Il y invita l'un de ses lieutenants, un homme connu pour s'être opposé à lui.

Ce matin-là, le temps s'était mis au froid et nous grelottions en travaillant. Du château, nous vîmes le lieutenant arriver avec sa femme et son escorte. Le soir, un banquet avait lieu dans la grande salle. César vint en personne les saluer dans la cour, aida la femme à descendre de voiture et embrassa le couple chaleureusement.

– Le lieutenant devrait être heureux d'un tel accueil, remarqua Graziano.

– Ou terriblement méfiant, murmura Nicolas Machiavel, qui se tenait près de mon maître.

CHAPITRE 17

Parcourant l'assemblée du regard, Borgia s'arrêta sur moi, debout à côté de la chaise du maître.

– Avons-nous besoin de ce garçon ici ?

– Il ira chercher mes croquis et mes plans si vous les demandez, Monseigneur, répondit le maître.

Le dîner commença. Soulevant la coupe de vin qui lui était destinée, je bus une gorgée avant de la donner à mon maître qui la prit d'un air étonné.

– Tu insultes notre hôte en te comportant de cette manière, me dit-il à voix basse.

Nous regardâmes tous deux au bout de la table. Borgia avait la tête tournée vers sa voisine qu'il écoutait. Il s'agissait de la femme du lieutenant arrivé le matin même, elle était très belle. Elle lui souriait avec coquetterie. Il riait.

Les invités semblaient détendus. Moi non.

César Borgia mangeait de bon appétit, mais buvait peu. Il observait ses hôtes tout autour de lui. Il avait l'allure d'un homme qui vient d'entrer dans un lieu de débauche.

Le dessert fut annoncé au son des trompettes : des cerises marinées dans de la liqueur et parfumées au cacao, une douceur en provenance du Nouveau Monde. Peu de convives connaissaient le goût du cacao, occasion idéale pour dissimuler du poison.

Je me penchai pour essuyer la cuiller du maître avec sa serviette.

– Ne mangez pas de ce mets, murmurai-je.

– Bah, Matteo !

Conduit par un joueur de tambour, un long cortège de serviteurs entra dans la salle. Une assiette dans la main, chacun se posta derrière la chaise d'un invité, prêt à servir.

De l'autre côté de la table, le lieutenant était assis en face du maître. Cet homme avait fortement déplu à César Borgia. Je me rappelais pourtant l'accueil chaleureux que celui-ci lui avait réservé en début d'après-midi, lui donnant l'accolade à son arrivée dans la cour à la tête de ses soldats.

Les hommes du lieutenant ayant rejoint leur cantonnement à quelque distance du château, leur chef se trouvait seul à la table de Borgia.

Mon regard croisa celui du serviteur qui se tenait derrière le lieutenant. J'eus le souffle coupé. Ce n'était pas un laquais, mais Michelotto, l'homme de main de César Borgia.

Borgia se leva et fit un signe. En face de moi, à l'instar des autres, l'homme de Borgia posa le dessert sur la table. À la vue de ce mets peu commun, tous les invités s'extasièrent, certaines dames applaudirent. L'épouse du lieutenant prit une cerise avec une cuiller et la mit dans sa bouche.

– Délicieux ! s'exclama-t-elle.

D'une manière provocante, elle inclina la tête vers César Borgia.

– Vous devriez en manger une.

Il lui sourit mais ne bougea pas. De toute évidence, je n'étais pas le seul à avoir des doutes sur ce plat étrange car beaucoup hésitèrent à le goûter.

Comme s'il n'avait pas remarqué ce malaise, César Borgia se rassit, prit sa cuiller et la plongea dans son dessert. Il en porta une bouchée à ses lèvres. Toutefois, les invités attendirent qu'il l'ait avalée pour faire de même, y compris le lieutenant.

Borgia, d'un signe, congédia ses serviteurs. Chacun regardait devant soi, excepté moi.

De l'autre côté de la table, je vis sourire l'homme de main de Borgia. Il leva les bras ; entre ses mains, éclairé par les chandelles, luisait le lacet d'un garrot.

CHAPITRE 18

Soudain, le lieutenant se cramponna au bord de la table. Il suffoquait : des gargouillis, des spasmes sortirent de sa gorge. Il se débattit furieusement ; son assiette tournoya, tomba et se brisa.

Michelotto serra le lacet.

Imperturbable, César Borgia continuait sa conversation avec sa voisine. Elle regarda à l'autre bout de la salle pour voir d'où provenait ce tumulte. Borgia sourit et se pencha vers elle. Il lui murmura quelque chose à l'oreille.

Elle eut un mouvement de recul et porta la main à sa gorge. Elle se leva et se mit à hurler. Mais il était trop tard pour avertir son mari et les invités mirent quelque temps avant de se rendre compte de la situation.

Le lieutenant envoyait de grands coups de pied pour essayer de se dégager. Sa chaise bascula mais son assaillant maintenait son emprise. L'homme, étranglé par son propre poids, jeta désespérément les bras en l'air comme pour griffer le visage de son meurtrier. Michelotto serra une dernière fois le garrot et repoussa l'homme qui tomba. Le corps fut pris de mouvements convulsifs, de soubresauts, de secousses puis s'immobilisa. Le visage du lieutenant était bleu et sa langue gonflée sortait de sa bouche.

Certains invités se levèrent. César Borgia claqua des doigts et les soldats de sa garde personnelle accoururent. Ils tirèrent leur épée. Immédiatement, tous les convives retournèrent à leur place.

Le maître s'affaissa, la tête entre les mains. Felipe s'approcha pour l'aider à se mettre debout.

– Je n'ai autorisé personne à partir, dit César Borgia d'une voix suave. Que chacun reste assis jusqu'à nouvel ordre.

Il se leva et s'approcha de la femme du lieutenant qui, au bord de la crise de nerfs, pleurait. Il la gifla, elle vacilla et regagna sa chaise en sanglotant.

Felipe s'adressa calmement à Borgia :

– Mon maître ne se sent pas bien. Avec votre permission, Monseigneur, je vous demande de bien vouloir le laisser prendre congé de vous pour être prêt demain à vous servir.

César Borgia observa Felipe pendant quelques secondes. Graziano avait repoussé sa chaise mais il ne s'était pas levé et gardait les yeux fixés sur Felipe. Tous mes muscles étaient tendus ; par un effort de volonté, je résistai à l'envie de me saisir du couteau qui était à ma portée, sur la table. J'avais repéré les soldats près de la porte. J'évaluai le nombre de pas à faire pour aller jusqu'à la fenêtre. Mais je me rendis compte que nous n'avions aucune chance de nous échapper. Si Borgia considérait la requête de Felipe comme un outrage, aucun de nous ne sortirait vivant de cette pièce.

– Messire Léonard, annonça César en parlant lentement, votre travail m'est très précieux. Allez maintenant, je vous prie, vous reposer afin de pouvoir reprendre vos travaux dès demain matin.

Son regard se posa longuement sur Graziano, puis sur Felipe et enfin sur moi, comme s'il voulait graver nos visages dans sa mémoire, avant de continuer :

– Je vous autorise à emmener vos gens.

En une seconde, Graziano et Felipe furent près du maître et l'aidèrent à se lever. Je ramassai son sac et nous nous retirâmes le plus vite et le plus discrètement possible.

En partant, j'entendis César Borgia apostropher ses musiciens :

– Quelle tristesse pour un jour de fête ! Jouez-nous un air gai, ménestrels !

Il prit par le bras la femme du lieutenant qui sanglotait :

– Et si nous dansions, maintenant.

CHAPITRE 19

Cette nuit-là, personne ne ferma l'œil au château d'Imola.

Mon maître ne mangea pas, ne lut pas, ne dessina pas, il n'entreprit aucune étude. Sa lourde cape sur les épaules, il resta assis toute la nuit près de la fenêtre ouverte, à regarder le ciel.

Peu avant l'aube, Nicolas Machiavel vint s'entretenir avec Felipe. Il avait déjà écrit au Conseil de Florence, pour lui faire part de la situation et demander à être rappelé, mais il n'avait obtenu aucune réponse.

– Ils vont peut-être m'écouter maintenant. Je veux quitter cet endroit au plus vite.

– Et je dois essayer de rompre le contrat qui lie le maître à Borgia, ajouta Felipe. Mais comment le faire sans risque ?

– César Borgia s'est donné un seul objectif, déclara Graziano, éliminer quiconque lui fera obstacle.

– Parce qu'il juge sa cause juste, remarqua Machiavel, il croit que tous les moyens sont bons et légitimes pour atteindre son objectif. Cette notion est intéressante.

– A-t-on d'autres renseignements concernant le complot ? interrogea Felipe.

– J'ai mon propre service de renseignements, répondit Machiavel, et j'ai récemment reçu des messages chiffrés d'hommes travaillant pour moi. Je crains cependant que ces messages ne soient déjà passés entre les mains de Borgia : sont-ils fiables ?

Puis, haussant les épaules, il continua :

– Je n'ai pas vérifié cette information, mais les Français enverraient en ce moment des troupes pour soutenir Le Valentin. Il va attendre leur arrivée, je suppose, pour faire une offre de réconciliation aux capitaines. Ces derniers ne se doutent pas qu'une armée est prête à les combattre. Se croyant plus nombreux, ils imaginent que Borgia veut faire la paix avec eux. Il projette d'organiser une rencontre pour en discuter.

– Sûrement pas ici ! s'écria Felipe, atterré. Ils ne seraient pas assez bêtes pour venir se jeter dans son antre et se faire dévorer.

Dans la matinée, nous eûmes des nouvelles. Le Valentin voulait rencontrer ses capitaines pour parler de réconciliation, mais pas à Imola. Ce serait sur leur terrain, dans un lieu dont ils venaient de s'emparer et où leurs forces stationnaient. Nous devions nous préparer à partir dans l'heure, dès que Borgia, ses hommes et ses serviteurs se mettraient en route pour gagner la ville de Senigallia sur l'Adriatique.

– Ses capitaines ont-ils tous accepté ? demanda le maître à Felipe, comme nous partions.

Il était assis à côté de moi dans une charrette qui transportait ses livres et son matériel. Felipe et Graziano avaient leurs propres montures et chevauchaient à côté de nous.

Felipe hocha la tête. Ils ne prononcèrent pas le nom de l'ami du maître, Vitellozzo Vitelli.

Flanqués de six cents hallebardiers suisses, nous allions au milieu de l'armée de Borgia par la Via Emilia. La neige tombait en cette fin de décembre glaciale. Les villages traversés étaient déserts ; leurs habitants avaient sans doute fui et ils reviendraient une fois l'armée passée. Nous fîmes halte à Cesena, où un bal fut donné en l'honneur du Valentin qui dansa et fit le galant comme s'il n'avait aucun autre souci au monde. Mais Machiavel nous confia que les forces de Borgia s'étaient scindées en plusieurs groupes convergeant par des itinéraires différents vers Senigallia.

Dans les jours précédant Noël, César Borgia festoya et écouta de la musique. Toutefois, il ne perdait pas de vue sa vengeance : lorsque son gouverneur de région, Remiro de Lorqua, vint se joindre aux festivités, il le fit arrêter. Sous la torture, l'homme avoua faire partie du complot.

Le matin de Noël, Remiro de Lorqua fut décapité sur la grande place et son corps fut exposé aux regards de tous. Cet acte accompli, nous nous mîmes en route le lendemain pour Senigallia.

CHAPITRE 20

En signe de bonne foi, César Borgia demanda à ses capitaines de retirer leurs troupes de la citadelle de Senigallia. Ils acceptèrent tous.

Le dernier jour de l'année, nous arrivâmes ainsi sur la rivière Misa où ces condottieres rebelles s'étaient rassemblés pour le rencontrer. Le maître bougonna quand il les vit s'approcher.

Graziano me glissa à l'oreille :

– Vitellozzo est là ! Le maître l'a vu !

Anxieux, nous vîmes les deux groupes de cavaliers se rejoindre.

César Borgia était transformé. Il s'avança, l'air joyeux, pour saluer les capitaines qui, méfiants, restaient sur leurs gardes. Ses yeux brillaient de plaisir et il les appela chacun par son nom. Se soulevant de sa selle, il se pencha pour leur donner l'accolade, comme on le fait avec un ami dont on a longtemps été séparé.

De leur côté, les capitaines paraissaient se détendre. À l'évidence, César n'était pas venu avec un grand renfort de troupes. Et ils semblaient fascinés par sa démonstration de charme et par l'attention qu'il leur témoignait.

Le groupe se préparait à passer le pont pour entrer dans les faubourgs de la ville. Je fis avancer mon cheval mais Felipe m'arrêta d'un geste. Je retins ma monture pour rester en arrière et remarquai que messire Machiavel faisait de même. Graziano se rapprocha de la charrette pour protéger le maître.

Machiavel nous apprit plus tard que Le Valentin avait auparavant envoyé ses espions en grand nombre dans la ville pour fermer toutes les portes, à l'exception de celle par laquelle il entrerait.

César avait invité Vitellozzo et les autres capitaines à le suivre. En traversant la rivière, la cavalerie de Borgia manœuvra et se mit en ligne sur le pont pour monter la garde.

Les capitaines regardèrent tout autour d'eux et se parlèrent à voix basse. Le cortège pénétra dans Senigallia sous la seule escorte des troupes de César : un régiment de l'infanterie de Gascogne et les hommes de sa garde personnelle, parmi lesquels se trouvait Michelotto.

Nous étions en queue de cortège. La porte se ferma derrière nous.

Le malaise se transforma en peur. Les capitaines se précipitèrent pour faire leurs adieux à leur prince suzerain et rejoindre leurs troupes. Mais

César les supplia d'attendre. Son extrême gentillesse et sa conduite agréable ne firent qu'ajouter à leur perplexité. Il leur dit avoir choisi le lieu de la rencontre et il les exhorta à venir s'entretenir des dispositions à prendre pour l'avenir. Puis il les quitta. Encerclés par les hommes de son escorte, les capitaines furent contraints d'accepter cette offre… comme nous.

Quand nous atteignîmes le lieu de la négociation, César Borgia descendit de cheval et les capitaines durent en faire autant.

Felipe et Graziano ne mirent pas pied à terre. Felipe me lança un regard que j'espérais avoir bien interprété, en manœuvrant notre petite charrette pour repartir. Mais les soldats étaient trop nombreux. Nous étions encerclés.

César traversa la cour à grandes enjambées. Les capitaines essayèrent de le rattraper mais il gravissait déjà les marches d'un escalier extérieur conduisant à l'étage d'une maison.

Les capitaines voulurent le suivre. En vain : Michelotto et les hommes de Borgia s'emparèrent d'eux en un tournemain. Il n'y eut aucun combat car les malheureux n'eurent pas le temps de tirer leur épée, tant l'attaque avait été soudaine et brutale.

Ils étaient pris au piège.

Un des jeunes capitaines interpella Borgia :

– Attendez ! Je vous en supplie ! cria-t-il d'un ton pitoyable. Monseigneur, permettez-nous au moins de vous parler !

César s'arrêta un moment en haut des marches. Il contempla ses ennemis. Puis il se retourna et entra dans la maison.

Les soldats avancèrent derrière nous. Graziano et Felipe saisirent fermement la bride du cheval qui tirait la charrette. Le maître mit ses mains sur les miennes pour serrer plus fort les rênes et nous nous frayâmes un chemin à travers la mêlée pour gagner la porte principale. Devant nous, Machiavel nous criait par-dessus le tumulte :

– Par ici ! Par ici !

Il nous fit longer les remparts de la ville jusqu'à une porte gardée par des hommes à lui : des espions qu'il payait sans doute en monnaie florentine[1]. Nous passâmes sans histoire et sortîmes près de la rivière, où la cavalerie de Borgia avait installé son campement.

Nous attendîmes. Les troupes mettaient la ville à sac, tirant les habitants de leurs lits et tuant tous ceux suspectés d'avoir conspiré contre Borgia. Au plus noir de la nuit, Machiavel s'esquiva. Il revint peu avant l'aube, le visage grave.

Les capitaines avaient été ligotés et jetés dans une des caves de la villa. Aux petites heures du

1. Monnaie la plus côtée alors.

jour de cette année 1503, Michelotto avait étranglé Vitellozzo et un autre jeune capitaine, attachés dos à dos sur un banc.

– Pardonnez-moi de vous avoir rapporté un fait aussi atroce, s'excusa Machiavel. Sachez aussi que ce matin, Le Valentin a l'intention de sortir en grande tenue à la tête de son armée. Il veut maintenant marcher sur Perugia et sur les autres villes qui lui résistent encore et dont les gouverneurs se sont enfuis pour échapper à son courroux. Il emmène avec lui les rebelles faits prisonniers mais ils subiront le même sort que les deux autres.

Felipe annonça à mon maître la mort de son ami. Il ne revint qu'une heure plus tard.

– Le maître est malade, nous annonça-t-il. Il a besoin d'un peu de temps pour digérer cette terrible nouvelle. Nous devons nous mettre en route pour Florence, où il pourra se reposer. Je vais envoyer un message au Valentin pour le prévenir ; il sera sans doute trop occupé pour songer à nous poursuivre. Matteo, peux-tu préparer nos chevaux ?

Nos montures avaient été installées dans des abris sommaires pour les protéger du froid. On leur avait donné du foin, qu'elles n'avaient pas mangé car les hurlements et les feux allumés dans la ville les avaient inquiétées. Les pauvres bêtes se bousculaient et tiraient de toutes leurs forces sur leur longe.

Je leur parlai et elles se calmèrent. Je m'avançai pour détacher en premier le cheval de la charrette mais je m'arrêtai brusquement. Derrière les arbres, éclairés par la lune, deux hommes marchaient. Ils ne m'étaient pas inconnus : l'un d'eux se trouvait dans la pièce où j'avais vu Borgia pour la première fois. L'autre était un des hommes de Sandino.

Je me mis à genoux. Près de moi, le cheval bougea ; il hennit et, baissant la tête, me poussa l'épaule. Posant la main sur son chanfrein, je lui murmurai :

– Ne me trahis pas, mon ami, ma vie dépend de toi.

La conversation des deux hommes m'arriva, portée par l'air frais de la nuit ; passant près de moi, je les entendis prononcer un nom :

– … Perela…

Perela !

– … là-bas… le garçon… Il y a… semaines.

Et puis, très distinctement :

– Ses hommes marchent déjà sur Perela. Sandino ira les rejoindre après en avoir fait part à Borgia. Il a juré de brûler la forteresse.

Sandino avait donc décidé d'attaquer Perela.

Mon estomac se noua et j'eus envie de vomir.

CHAPITRE 21

Felipe et Graziano vinrent me retrouver aux petites heures du jour.

J'avais sellé leurs chevaux et attelé celui qui tirait la charrette.

– Très bien, Matteo, me félicita Graziano en rangeant nos affaires.

Felipe posa la boîte qu'il transportait.

– Je vais chercher le maître, il faut partir avant que le campement se réveille.

– Je ne peux pas aller avec vous, dis-je.

– Tu plaisantes ?

Felipe parlait d'un ton sévère.

– Pourquoi donc voudrais-tu rester ici, Matteo ? demanda Graziano.

– Je ne compte pas rester. Je dois aller à Perela. J'ai surpris deux hommes de Borgia raconter qu'ils ont prévu d'attaquer la forteresse de nos amis.

– Est-ce vrai ? me lança Felipe en soulevant sa lanterne pour mieux voir mon visage.

– Oui, je l'ai entendu.

– Pourquoi Borgia ferait-il une chose pareille ? lança Graziano. Le capitaine Dell'Orte est un soldat loyal.

– Oui, concéda Felipe, mais les soldats loyaux eux aussi peuvent être assassinés d'une manière odieuse.

Il me regarda attentivement.

– Comment as-tu appris cela ?

– J'étais près des chevaux et j'ai entendu deux cavaliers en parler, des espions de Borgia.

– Tu as raison de vouloir aller les prévenir, me félicita Graziano, mais…

– N'essayez pas de m'en empêcher, s'il vous plaît, implorai-je.

Je ne pouvais pas leur expliquer pourquoi je voulais aller au-devant du danger quand il aurait été plus raisonnable de le fuir. Ma seule pensée était d'arriver à Perela avant Sandino et donner l'alerte au capitaine Dell'Orte. Il avait assez d'hommes et d'expérience dans le domaine des armes pour résister à une attaque de Sandino et de sa bande. Mais il fallait qu'il soit prévenu à temps.

– Prends mon cheval, proposa Graziano. Je monterai dans la charrette avec notre maître.

Felipe me prit la main et me donna des pièces.

– Tiens, tu peux avoir besoin d'argent. Je dirai au maître ce qui s'est passé.

Graziano me mit aussi quelque chose dans la main : une longue dague.

– Elle peut également t'être utile.

En partant, Felipe me confia :

– Tu seras toujours le bienvenu si tu décides de revenir. Fais pour le mieux.

Il me donna une petite tape amicale sur la tête.

– J'espère que nous nous reverrons, Matteo.

J'emmenai discrètement par la bride le cheval de Graziano. Aussitôt à l'abri des regards d'un éventuel guetteur, je sautai en selle et galopai vers Perela.

En allant bride abattue, j'arrivai au confluent des deux rivières le lendemain midi seulement. Je traversai le pont au galop sans me soucier du gardien qui, à grands cris, voulait me faire payer le péage. Je montai jusqu'en haut de la colline, où se trouvait la forteresse.

Alors je vis de la fumée s'élever dans le ciel.

La grande porte avait été enfoncée.

Je compris que j'arrivais trop tard.

Troisième partie

La vengeance de Sandino

CHAPITRE 22

Ma première réaction fut de lancer mon cheval au galop et de me précipiter dans la forteresse. Je me retins de le faire et mis la jument au pas. J'examinai le bâtiment : aucun signe de vie aux fenêtres, aucune trace de bataille. Seule la fumée d'un incendie s'élevait encore dans le ciel.

Dans un champ à deux pas de là, j'aperçus un hangar où du fourrage était entreposé pour l'hiver. Je mis pied à terre et en donnai une brassée à ma monture. Puis je me dirigeai vers la forteresse avec prudence.

Les hommes du capitaine Dell'Orte avaient tous été massacrés à coups de couteau, de hache ou d'épée et gisaient embrochés. Ils donnaient l'impression d'avoir été surpris sans pouvoir résister à une troupe qui n'avait pas fait de quartier. Rien ne bougeait. La totale tranquillité des lieux m'inquiéta : pas de cris de femmes ni de gémissements de blessés, seuls d'épais panaches de fumée montaient au-dessus des toits.

C'est alors que je vis le capitaine Dell'Orte.

Il avait été décapité et on avait placé sa tête au bout d'une pique près du bâtiment des écuries. Son corps démembré reposait à côté dans une attitude grotesque. Un peu plus loin, deux formes étaient allongées : je reconnus Rossana et Elisabetta, serrées l'une contre l'autre. Je me précipitai vers elles en trébuchant à chaque pas. Elles respiraient encore, mais leurs vêtements en désordre étaient souillés de sang.

Submergé par l'émotion, je fus incapable de prononcer un mot. J'avais vu la mort sous bien des formes : par deux fois, des hommes sans défense avaient été assassinés sous mes yeux, sans que je puisse intervenir. L'un, étranglé avec un garrot lors d'un repas ; l'autre, un prêtre, la tête éclatée par un coup de gourdin. Mais le spectacle qui s'offrait à moi surpassait en violence et en atrocité les précédents.

La neige commença à tomber.

– Rossana, murmurai-je, Elisabetta…

Il est contraire au bien et à la morale de faire subir des violences à une jeune fille. Un homme capable d'un tel acte est pire qu'une bête.

Je tombai à genoux et touchai le visage de mes amies.

Je regardai Rossana mais elle tourna la tête. J'avais honte d'être un homme.

Elisabetta, qui avait vécu si longtemps dans l'ombre de sa sœur, soutint mon regard avec assurance, mais aussi avec un certain dégoût, comme pour dire : « J'ai vu ce qu'un homme pouvait faire à une femme, je te méprise et plus jamais je n'aurai peur. »

Je fus troublé par l'intensité de son expression.

– Je n'ai pas honte, m'assura-t-elle, de me retrouver face à toi, après ce qui m'est arrivé, Matteo.

Quelques semaines plus tôt, j'avais laissé mes camarades à leurs jeux innocents, je les retrouvais avec leur enfance détruite.

Je leur apportai à boire et Elisabetta me décrivit les circonstances du massacre.

– Un homme, soi-disant un ouvrier en route pour Bologne, s'est présenté ; il disait souffrir de violentes douleurs d'estomac et quelqu'un dans une ferme voisine lui avait indiqué que ma mère avait des baumes susceptibles de le soulager. Compatissants, mes parents l'on fait entrer et se sont préoccupés de lui installer un lit dans le corps de garde. Pendant le dîner, il a poignardé un de nos hommes et a ouvert la porte d'entrée. D'autres attendaient dehors. Seules deux de nos sentinelles étaient armées ; elles nous ont défendus vaillamment mais ont été submergées par le nombre. En entendant ce vacarme, mon père a regardé par la fenêtre et s'est rendu compte de la situation. Il a mis Dario dans les bras de ma mère en lui conseillant d'aller vite se réfugier avec nous dans la petite chapelle et il est parti avec Paolo. Nous nous sommes barricadés dans la chapelle. Nous entendions des bruits de lutte mais il nous était impossible de voir ce qui se passait car la fenêtre de l'édifice donne sur le ravin. Au bout d'un moment, le calme est revenu. Nos assaillants ont alors ordonné qu'on leur ouvre. Ma mère a refusé. Elle invoquait avec courage et d'une voix forte le caractère sacré du saint lieu. Mais ils ont commencé à enfoncer la porte. Ma mère nous a amenés alors près de la fenêtre et nous a parlé calmement. Notre père devait être mort, nous a-t-elle expliqué, sinon de telles choses ne se seraient pas produites. Elle nous a annoncé qu'elle allait sauter dans le ravin avec le petit Dario, car à coup sûr ils le tueraient. Ils ne pouvaient laisser la vie sauve à un garçon qui voudrait tôt ou tard venger sa famille. Elle ne supporterait pas d'assister à une telle horreur et voulait aussi éviter le sort qui l'attendait une fois la porte enfoncée. Elle nous a exhortées à faire comme elle, mais nous a laissé le choix. Elle a pris le petit Dario dans ses bras, s'est mise sur le rebord de la fenêtre et… et… elle a sauté, nous laissant seules. La porte a cédé et… et…

Je lui pris la main et regardai autour de moi.

– Chut… tais-toi… ces bandits sont-ils encore ici ?

– Non, ils sont partis quand ils se sont rendu compte qu'ils ne trouveraient pas ce qu'ils cherchaient.

Ce qu'ils cherchaient…

Je portai la main à ma ceinture. Elisabetta ne comprit pas mon geste.

– Matteo, une dague ne pourrait rien contre eux.

Ce n'était pas la dague de Graziano que je venais de toucher, mais l'objet que Sandino voulait récupérer. En le conservant, j'avais déclenché une catastrophe en ces lieux.

La neige tombait désormais en rafales et il fallait mettre les filles à l'abri.

– Tu peux te lever ? demandai-je. Je vais t'aider.

– Rossana n'a pas prononcé un seul mot depuis ces événements, constata Elisabetta en caressant le visage de sa sœur.

Rossana la regarda manifestement sans comprendre.

– Elle ne semble pas me reconnaître, je me demande même si elle se souvient de qui elle est.

Elisabetta se mit debout et nous rentrâmes à l'intérieur en soutenant Rossana.

Je trouvai du pain que je trempai dans du vin et le leur apportai. Elisabetta en prit un peu mais Rossana refusa de manger.

– Où est Paolo ?

– Nous ne l'avons pas revu, répondit Elisabetta, mais quand il est parti avec mon père, nous les avons entendus se disputer.

– À propos de quoi ?

– Je ne sais pas.

Je les laissai et me mis à la recherche de leur frère. Mais il ne figurait pas parmi les morts. Il ne pouvait pas s'être enfui. Pas un Dell'Orte. Où s'était-il réfugié ?

En revenant, je repris ma conversation avec Elisabetta :

– Te rappelles-tu ce qu'ils disaient ?

Elle fit non de la tête, mais se reprit :

– Juste une chose.

– De quoi s'agissait-il ?

– Mon père avait donné un ordre à Paolo. Ils ont alors commencé à se disputer. Paolo criait qu'il ne voulait pas obéir. « Tu dois faire comme je t'ai dit », lui répéta alors mon père, avant d'ajouter : « Avec messire Léonard, tu seras en sécurité. » J'avoue que je n'ai pas compris le sens de ces paroles.

CHAPITRE 23

Mais moi, je compris en deux secondes ce que le capitaine Dell'Orte avait à l'esprit en courant défendre la forteresse : la chambre secrète !

Le vaillant capitaine croyait sa femme et ses autres enfants en sécurité dans la chapelle, mais il pensait qu'un garçon de l'âge de Paolo ne bénéficierait pas d'une telle protection. Se doutant que la forteresse serait prise, il avait alors obligé son fils à se réfugier ailleurs, dans l'abri construit par Léonard de Vinci et connu de lui seul.

Pour avoir vu un jour, depuis le grenier à foin, mon maître montrer au capitaine Dell'Orte les plans de la chambre secrète, je savais donc où trouver Paolo. Il y était en effet, couché en boule comme un enfant. Il n'avait rien entendu à cause des murs épais. Son petit bout de chandelle s'était consumé et il était resté dans le noir comme son père le lui avait ordonné.

Elisabetta s'assit près de son frère et lui raconta tout.

Il supporta courageusement la nouvelle de la mort de son père, mais quand il apprit ce qui était arrivé à ses sœurs et comment sa mère et le petit Dario avaient péri, il devint comme fou.

– Mon père ne croyait pas qu'on ferait du mal à un enfant ou à des femmes, sanglota-t-il. Je lui ai assuré que j'étais prêt à mourir. Il m'a répondu que je devais vivre. Personne ne connaissait l'existence de cette chambre secrète, trop petite pour cacher toute la famille. Même si cela avait été possible, nos assaillants se seraient demandé où étaient passées la femme et les filles ; ils auraient mis le château à feu et à sang. Mon père m'a donc ordonné de me cacher, me faisant jurer sur son épée de ne pas bouger.

Elisabetta et moi le regardâmes pleurer. Ses larmes se tarirent, il se leva, s'essuya le visage. Il se dirigea vers le corps de son père et ramassa son épée.

– Avec cette épée, déclara-t-il, je les vengerai.

Ainsi la violence engendre la violence. La guerre fascine et elle détruit tout.

– Paolo, commença Elisabetta, je dois t'avouer quelque chose : si j'avais su où tu étais caché, je le leur aurais dit. Je te demande de me pardonner.

Paolo embrassa sa sœur, la prit par la main et l'emmena vers Rossana. Il les serra toutes les deux dans ses bras :

– Je me serais volontiers livré pour vous sauver.

– Mais tu ne les aurais pas sauvées, protestai-je avec brutalité. En te découvrant, non seulement ces bandits t'auraient tué mais ils s'en seraient quand même pris à tes sœurs.

– Explique-toi, Matteo, me pressa Elisabetta.

– Ces dernières semaines, j'ai vécu avec des hommes de cette espèce. Tu ignores certainement encore ce qui est arrivé à Senigallia où Le Valentin a, de sang-froid, assassiné ses capitaines rebelles. Borgia a fait mine de leur accorder son pardon. Il leur a proposé une entrevue et il les a fait étrangler. Ses soldats ont saccagé la ville et commis d'innombrables atrocités.

Elisabetta frissonna et poursuivit :

– Ces hommes avaient plus l'air de brigands que de véritables soldats. N'ayant pas trouvé ce qu'ils cherchaient, ils paraissaient redouter la colère de leur chef.

Je le connaissais. La peur m'envahit car je le savais plus cruel encore, il n'aurait jamais épargné la vie des filles. Pire, quand ses hommes lui diraient avoir échoué dans leurs recherches, il viendrait en personne fouiller la forteresse de fond en comble. Et il était seulement à quelques heures de route de là.

Nous fûmes soudain alertés par le cri d'un oiseau perché en haut de la tour. Nous courûmes jusqu'aux remparts. Cet endroit permettait de voir jusqu'au pont et bien au-delà. Au loin, un groupe d'hommes à cheval approchaient. Un cavalier les précédait et arrivait au grand galop.

Je me mis à trembler. C'était Sandino.

CHAPITRE 24

Paolo se serait précipité dehors si je ne l'avais retenu.

– Attends !

Et comme il protestait, j'ajoutai :

– Pense à tes sœurs.

– Pourquoi reviennent-ils ? demanda Elisabetta.

– Parce qu'ils n'ont rien trouvé ? suggéra Paolo.

– Mais nous n'avons rien ici, ni orfèvrerie ni argenterie, ni bijoux de très grande valeur.

Rossana frémit.

– Nous devons partir maintenant, proposai-je à Paolo, pour mettre tes sœurs en lieu sûr.

– Où pouvons-nous aller ? interrogea Elisabetta en regardant tout autour d'elle d'un air affolé. Si nous prenons la route, ils nous rattraperont.

– Choisissons un autre chemin.

J'avais pris Rossana par le bras et je me dépêchais de sortir, suivi des deux autres.

– Descendons dans le ravin.

– J'ai déjà essayé étant gamin mais je n'y suis pas arrivé, intervint Paolo.

Nous étions désormais de l'autre côté de la forteresse : une étroite bande de terre s'étendait entre les fortifications et un précipice qui tombait à pic à nos pieds.

– Nous n'avons pas d'autre possibilité, constatai-je. Écoutez ! Ils sont à la porte.

Nous fîmes silence. S'élevant dans l'air vif de l'hiver, je reconnus une voix :

– Vous avez tué le père trop vite. (Sandino réprimandait ses hommes.) Il aurait livré le garçon pour sauver ses filles.

– Quelle est cette pièce secrète dont vous nous avez parlé ? questionna l'une de ses recrues.

– Borgia en a aménagé dans toutes ses forteresses pour disposer d'un endroit où se cacher, au cas où elles tomberaient aux mains des assaillants. J'ignore où elle se trouve ici, mais qu'importe ! Nous allons installer notre camp, la faim le fera sortir. Je ne suis pas pressé. J'ai déjà attendu ; je peux encore patienter quelques jours.

Je me penchai vers Paolo et lui chuchotai à l'oreille :

– Il faut descendre.

Il fit non de la tête et me répondit d'une voix faible :

– C'est impossible.

Alors, d'un ton très calme mais ferme, Elisabetta déclara :
– Nous n'avons pas le choix.

Je passai le premier.

En m'aidant des pieds et des mains, j'aménageai un appui. Je permis à Elisabetta de descendre et elle guida à son tour Rossana. Paolo venait en dernier.

Un peu plus bas, un rocher en saillie nous offrit un refuge. Elisabetta tremblait de tous ses membres, mais Rossana semblait absente.

– Continuons, ordonnai-je.

Elisabetta découvrit le vide sous elle et recula, chancelante.

– Ne pouvons-nous pas rester ici un peu plus longtemps ?

– Non, répondis-je car je craignais que nous ne perdions courage.

– Cette roche est en surplomb, Matteo, constata Paolo. Mes sœurs auront du mal à se hisser jusqu'au bord, puis à passer en dessous.

– Je sais, Paolo. Mais si nous y parvenons, nous serons à l'abri des regards jusqu'au fond du ravin.

Je commençai à ramper.

– Quand tu me rejoindras, conseillai-je à Elisabetta, essaie de fermer les yeux. Laisse-moi simplement mettre tes pieds au bon endroit.

Je me balançai dans le vide. Le vent me fouetta le visage. Ma joue était tout contre la paroi. Même au cœur de l'hiver, de toutes petites fleurs poussaient dans les fissures. Une pierre se détacha au-dessus de moi et me frappa le front. Quelqu'un sur le chemin de ronde regardait en bas. Tout à coup, un jet de liquide coula abondamment devant moi. Un homme se soulageait. Je repris espoir : ils n'imaginaient pas que l'on puisse s'enfuir par ce chemin, sinon ils auraient déversé de l'huile bouillante et non de l'urine.

J'attendis quelques minutes, puis, m'aidant de ma dague, je dégageai la terre entre les pierres, afin de ménager des prises. Je creusai avec mes ongles. J'avais des crampes dans les jambes d'être resté si longtemps à la même place, et si je tombais, nous étions perdus.

Mes mains luisaient de sueur, mais le soleil déclinait à l'horizon et n'éclairait plus les confins du défilé. Toujours suspendu au-dessus du vide, je cherchai une prise des pieds. Je parvins enfin à creuser un point d'appui avec le bout de ma botte. Puis vint le tour d'Elisabetta.

Elle était plus légère que moi et plus souple. Elle bascula par-dessus le rocher et passa dessous pour atterrir près de moi sur la paroi.

– Parfait, lui soufflai-je.

Ses lèvres esquissèrent un sourire.

Soudain, un oiseau passant tout près d'elle lui fit lâcher prise. Elle tomba.

Elle étouffa un cri.

Je l'entendis gémir :

– Maman !

J'essayai de l'attraper au vol ; mes mains se refermèrent sur le vide... en partie, car j'agrippai sa chevelure. Je serrai le poing pour la retenir.

Elle grinça des dents de douleur.

– Accroche-toi à ma taille, Elisabetta !

– Je ne peux pas.

– À mes jambes alors, à mes pieds, comme tu pourras.

– Je vais t'entraîner avec moi dans ma chute, Matteo, gémit-elle d'une voix résignée.

– N'aie crainte, je suis bien accroché. Fais-le. Maintenant ! la pressai-je, la voyant hésiter.

Je sentis ses petites mains autour de mes chevilles.

Mais j'avais menti : je n'étais pas bien accroché. Une de mes prises commençait à bouger. La terre s'éboulait tout autour.

– Essaie de trouver un autre appui, lui demandai-je.

J'entendis ses pieds gratter la paroi en dessous de moi.

– J'en ai un.

Au bout de mes bras, son corps devint plus léger.

– J'aperçois un tout petit affleurement de roche. Je peux y poser les pieds.

Paolo apparut au-dessus de moi.

– Donne-moi ta main, Matteo.

Je fis non de la tête.

– Tu es plus grand et plus fort que moi, Paolo. Mais nous sommes deux et nous allons t'entraîner avec nous.

– J'ai fixé la boucle de ma ceinture à la paroi et j'y ai attaché Rossana ; elle est adossée au rocher et elle me tient par les chevilles. Elle ne me lâchera pas.

– Si tu échoues, elle mourra aussi.

– À la grâce de Dieu, se résigna Paolo.

– Je suis d'accord, acquiesça Elisabetta. S'il échoue, nous mourrons ensemble, Matteo, si Dieu le veut ainsi.

Je tendis la main vers Paolo. Il allongea le bras. Je fis de même. Pour avoir une chance de réussir, il lui fallait saisir mes poignets. Mais il manquait la largeur d'une main pour que nos doigts se touchent. Je l'entendis sangloter de dépit.

Il fallait trouver un autre moyen…

– Écoute-moi, murmurai-je à Elisabetta. Es-tu bien assurée sur tes pieds ?

– Oui, je suis sur un tout petit affleurement de roche.

– Elisabetta, je vais monter sur tes épaules. Quand je lèverai mon pied, mets ta main là où il était posé. Tu comprends ?

– Oui, Matteo.

– Je poserai alors mon pied sur ton épaule. Crois-tu pouvoir me porter un moment, le temps de trouver une solution pour descendre à côté de toi ?

– Oui, Matteo, répéta-t-elle, cette fois avec détermination.

Je la sentis se concentrer.

J'appelai doucement Paolo.

– Paolo, laisse ta ceinture fixée à la paroi et sers-t'en pour descendre avec Rossana. On vous guidera ensuite.

Nous parvînmes au fond du vallon comme le soleil se couchait. Nous étions sous la chapelle de la forteresse. Paolo me prit à part.

– Je vais aller m'assurer que ma mère et Dario sont bien morts.

– Je viens avec toi.

Donna Fortunata avait le cou brisé. Le petit Dario avait dû être arraché de ses bras au moment de la chute. Son corps reposait un peu plus loin, la tête fracassée sur les rochers. Paolo se baissa pour le prendre dans ses bras.

– Laisse-le, dis-je.

– Mais je voudrais le mettre avec ma mère, objecta Paolo.

– Si tu le déplaces, les soldats vont s'apercevoir que nous sommes passés par ici.

Il se mit à pleurer.

– Peut-on refuser à une mère de tenir son enfant dans les bras, même dans la mort ?

– Ce doit être ainsi.

Il se baissa et déposa un baiser sur les lèvres de sa mère en déclarant :

– Votre mort sera vengée et le criminel châtié, j'en fais le serment.

Je l'entraînai de peur qu'il ne s'attarde trop. D'après mes estimations, nous avions un jour d'avance, peut-être moins, avant que Sandino ne nous retrouve.

CHAPITRE 25

J'utilisai l'argent donné par Felipe pour soudoyer un batelier qui avait amarré sa barge pour la nuit, un peu plus au sud.

La violence était partout présente, on rencontrait souvent des fugitifs le long des routes et des rivières. À coup sûr, cet homme avait remarqué l'état de santé des filles, surtout celui de Rossana, et mes quelques pièces ne suffiraient pas à acheter son silence. Si Sandino et ses hommes venaient enquêter dans les environs, il parlerait.

Rossana était transie de froid. Elle ne se plaignait pas, mais elle semblait de plus en plus absente, comme si son esprit avait quitté son corps. Je me demandais si son cerveau était malade et si mon maître saurait découvrir la partie atteinte. Dans l'immédiat, il fallait trouver un abri et les filles ne seraient en sécurité qu'à un seul endroit.

Aussi, une fois encore, je frappai de nuit à la porte de l'hospice d'Averne.

Le portier me reconnut et nous fit entrer dans la cour. Le père Bénédict parut moins accueillant.

– Qu'est-ce qui vous amène ici ? me lança-t-il.

– Père, nous avons besoin de votre aide.

Le moine dévisagea Rossana, puis Elisabetta et Paolo, et de nouveau Rossana.

– Je vois qu'il est arrivé malheur à tes compagnons. Qui sont ces gens ?

– Les Dell'Orte de Perela. Leurs parents et leur petit frère ont été assassinés d'une façon atroce.

Le père Bénédict s'adressa à Paolo :

– Je les connaissais bien. Chaque année, à l'automne, ils donnaient une partie de leur récolte à l'hospice. Votre père était généreux et votre mère, une très gracieuse dame.

Les lèvres d'Elisabetta tremblèrent en l'entendant parler ainsi. Quant à Rossana, elle paraissait ne pas comprendre.

Père Bénédict fronça les sourcils en la regardant :

– Quel mal a-t-on fait à cette enfant ?

Comme personne ne voulait répondre, je pris la parole :

– Les soldats de Borgia ont attaqué et envahi la forteresse de Perela commandée par leur père. Les femmes se sont réfugiées dans la chapelle, pourtant elles n'ont pas été sauvées.

– Et maintenant, vous venez ici chercher refuge ?

– Père, je ne voyais pas d'autre solution.

Le moine n'eut pas le temps de continuer la conversation. On tambourinait violemment à la porte d'entrée.

– Ouvrez là-dedans ! Au nom du duc de Valentinois, au nom de César Borgia, ouvrez !

CHAPITRE 26

Paolo tira son épée :

– Enfin je vais être face à ces assassins ! cria-t-il.

– Silence ! ordonna sèchement le père Bénédict. Range ton arme. Ici, nous sommes dans la maison du Dieu miséricordieux.

– Je veux venger le mal qu'ils ont fait à notre famille !

– Ils vont froidement te massacrer.

– Mais j'en tuerai un avant de mourir !

– As-tu pensé à tes sœurs ? tonna le père Bénédict. Quel serait leur sort ? Et les moines ? Et les malades dont j'ai la charge ? Si les soldats vous découvrent, ils nous tueront tous.

Le prêtre fit signe au portier d'approcher. En quelques mots, il lui demanda de gagner du temps et de dire aux soldats que personne n'avait pénétré dans l'hospice.

– Ces hommes arborent sans doute les insignes de Borgia, précisa le père Bénédict, mais tu ne dois rien leur communiquer.

Le veilleur de nuit roulait des yeux comme un cheval fou de terreur. Le moine posa la main sur son épaule.

– Ercole, moi, père Bénédict, je t'ordonne de mentir. Ces hommes veulent du mal aux enfants… ils leur ont déjà fait d'horribles choses. Souviens-toi, tu es passé toi-même par de terribles souffrances. Nous ne pouvons accepter que cela se reproduise. Tu dois m'aider à les protéger. On n'a pas toujours la possibilité d'accomplir des choses hors du commun. Tu en as l'occasion cette nuit.

Les paroles du père semblèrent calmer le portier. Le moine le regarda avec insistance. Puis il leva la main et, avec son pouce, lui fit le signe de croix sur le front.

– *Ego te absolvo*[1], prononça-t-il tranquillement. Nous mourrons tous un jour, Ercole. Si ton heure est arrivée, tu iras rejoindre ton Créateur avec l'âme pure du martyr.

Le visage du portier fut envahi par une étrange émotion. Il baissa la tête.

Je le vis se diriger vers la porte d'un pas traînant. Était-il prêt à donner sa vie pour nous ?

Il n'est d'amour plus grand que celui de l'homme sacrifiant sa vie pour ses amis. La croyance en cette simple et belle sentence ferait-elle triompher Ercole

1. Je t'absous.

du danger qu'il allait rencontrer ? Eût-il mieux valu lui faire peur en lui rappelant les menaces de l'Église : l'excommunication, le feu de l'enfer et la damnation éternelle ?

Paolo avait les mêmes pensées que moi, car il lança au père Bénédict :

– Dites-lui que je lui trancherai la gorge s'il nous trahit.

– Certainement pas, objecta le moine. Ercole est un véritable ami de l'hospice. Je l'ai sauvé des mains d'un maître cruel qui le maltraitait, quand il était petit. Il obéira à mes ordres.

– Il nous trahira quand il verra les soldats, j'en suis sûr, insista Paolo.

Le père Bénédict nous sourit :

– J'ai confiance en lui. Il est plein d'amour et cet amour est très fort.

Comment le moine avait-il le cœur à sourire en de telles circonstances ? Lui aussi risquait de mourir d'une mort atroce si l'on découvrait qu'il avait donné asile à des fugitifs recherchés par Borgia. Les coups sur la porte redoublèrent, comme si les hommes dehors avaient utilisé des haches et des lances.

Ercole cria sans pourtant se presser :

– J'arrive ! J'arrive !

– Ils menaceront de le tuer et il parlera, j'en suis persuadé, se lamenta Paolo, d'un air désespéré. Par peur, les gens font ce qu'on leur demande.

– Selon moi, l'amour est plus fort que la peur, répondit le père Bénédict. Mais le moment est mal choisi pour nous livrer à ce genre de débat. Il faut trouver un endroit pour vous cacher. Suivez-moi.

Il prit brutalement Paolo par le bras et le repoussa :

– Range ton épée. Si tu n'es pas capable de pardonner, attends un peu pour te venger.

Nous suivîmes le moine à travers l'hospice.

– Ils vont chercher partout, dans les placards, dans les réserves. J'ai pensé un moment vous faire passer pour des malades, mais vous êtes quatre et… (Le moine jeta un coup d'œil en direction de Rossana.) je crains que vous ne résistiez pas à un interrogatoire.

– Conduisez-nous à la chapelle, suggéra Paolo. Les règles sacrées du droit d'asile leur interdiront de profaner cet endroit.

– Ça ne les a pas arrêtés à Perela, rappela Elisabetta, ils ont tué notre mère et ils nous ont violentées.

Le père Bénédict battit des paupières en l'observant, puis il m'interrogea du regard. Je déclarai :

– C'est vrai. Les actes les plus vils ont été commis devant le tabernacle.

Le prêtre poursuivit :

– Quelle sorte de mercenaires sont-ils donc pour traquer les enfants comme des brutes ?

– Voilà pourquoi je veux me battre, affirma Paolo. Vous auriez dû me laisser en tuer au moins un, père.

Elisabetta, la voix tremblante, reprit :

– Il n'existe donc aucun endroit où nous serions à l'abri ?

– Silence maintenant ! ordonna le moine. Notre destin est dans les mains du Seigneur.

Il prit un flambeau accroché au mur et nous emmena dans la morgue. Nous longeâmes l'endroit où les sœurs de la Miséricorde faisaient la toilette des morts. Nous suivîmes un couloir et, une fois dépassé la petite pièce réservée aux dissections, nous descendîmes quelques marches menant à une porte fermée par une barre de fer.

– Viens m'aider, lança le père Bénédict à Paolo.

Tous deux s'arc-boutèrent sur la tige métallique et la tirèrent sur le côté. Le moine nous fit entrer.

La lumière de sa torche projetait nos ombres sur les murs et sur le plafond bas et voûté de cette pièce sans fenêtre. Une douzaine de corps reposaient là, serrés les uns contre les autres et enveloppés dans des linceuls. Il y régnait une forte odeur d'ammoniaque.

– Où sommes-nous ? interrogea Elisabetta, horrifiée.

– Dans une autre salle de la morgue... On l'utilise quand la grande est pleine.

– Mais pourquoi cette porte est-elle verrouillée ?

– Parce que ici... nous avons affaire à des cas particuliers. Nous attendons l'autorisation d'inhumer ces dépouilles.

Voyant Paolo sur le point de poser des questions, il poursuivit :

– Vous allez vous cacher sous un drap et vous mettre sur le côté tout contre le mort. Je pense préférable de vous mettre tête-bêche. Je vous recouvrirai et je vous quitterai en verrouillant la porte derrière moi. Il est fort probable que vos poursuivants en exigeront l'ouverture pour entrer dans cette pièce. Je tenterai de les en dissuader. S'ils entrent, essayez de garder votre calme. Si vous faites le moindre bruit, nous sommes perdus.

Rossana frémit d'horreur. Elle se serra contre sa sœur.

– Tu sauras garder ton calme, j'en suis sûr, assura le père Bénédict pour l'encourager.

Puis il s'adressa à Elisabetta :

– Dis à ta sœur d'être forte. Prie la Sainte Vierge et implore sa protection.

Paolo était toujours aussi furieux qu'on l'ait empêché d'accomplir sa vengeance et les filles s'évanouissaient presque de peur et de dégoût. Je devais prendre l'initiative. Je tirai le linceul recouvrant le mort le plus éloigné, un vieillard dans ses habits grossiers de marinier.

– Elisabetta, montre à Rossana comment faire. Ferme les yeux et laisse-moi t'aider.

Elle me dévisagea.

– Je t'en supplie, murmurai-je, nous avons très peu de temps.

Elle ferma les yeux. Je la soulevai et la déposai à côté du corps du vieil homme. Elle poussa un petit cri en se mordant les lèvres.

– Mets-toi sur le côté, pose ta tête près de ses pieds et colle-toi contre lui. Tu es si menue que l'on te devine à peine sous le drap.

Elle suivit mes indications. Elle ouvrit les yeux et me regarda avec tant de confiance que j'eus envie de l'embrasser, comme un frère remercie sa sœur d'avoir accompli un acte courageux.

Je la recouvris du linceul.

– Le père Bénédict a raison, personne ne pourrait deviner que tu es là. En procédant ainsi, nous avons une chance de nous en sortir.

Paolo n'eut pas besoin d'être encouragé. Il découvrit le mort le plus proche de lui et aida Rossana à grimper à ses côtés. Elle s'allongea sans un murmure et se laissa recouvrir du drap.

– Il y a un enfant ici, dans le coin. (Le moine montrait à Paolo le petit corps.) Mets-toi à côté de lui. Ta présence passera inaperçue.

Il aida Paolo, puis il vint vers moi.

J'avais déjà choisi ma place et grimpé sur une table en m'aidant des mains. J'ignorais s'il s'agissait d'un homme, d'une femme ou d'un enfant.

– Voyons, poursuivit le père Bénédict en rabattant le linceul, je dois retourner dans la grande salle de la morgue m'occuper de certaines choses. Quand ces hommes pénétreront dans l'hospice, je veux leur donner l'impression qu'ils me dérangent. Ne bougez pas jusqu'à mon retour, vous n'aurez alors plus rien à craindre.

J'entendis le claquement des sandales du prêtre qui s'éloignait d'un pas pressé, puis le grincement de la porte et les mots prononcés à voix basse :

– Courage, les enfants. Que Dieu soit avec vous.

À travers le drap, je perçus le bruit de la lourde barre que l'on tirait pour fermer la porte.

Et ce fut le silence et l'obscurité.

Nous étions enfermés.

De longues minutes passèrent. Nous entendîmes une clameur se rapprocher et des bruits de bottes sur les dalles du couloir.

– Matteo, j'ai peur, murmura Elisabetta d'une voix rauque.

Je réalisai seulement plus tard qu'elle m'avait appelé par mon nom, comme si j'avais été son frère.

– Ne t'inquiète pas, murmurai-je en m'efforçant de garder mon calme.

– Je tremble tellement qu'ils vont m'entendre. Je vais vous trahir.

Sa frayeur risquait d'être contagieuse.

– Mais non, tu ne vas pas nous trahir, lui assurai-je d'un ton ferme. Rappelle-toi les paroles du moine, prie la Vierge, récite ton chapelet.

– Je ne peux pas, ma tête est vide.

Comment l'aider alors que, moi aussi, je sentais la panique me gagner ? Mes pensées se bousculaient dans ma tête comme des lapins qui s'enfuient du terrier quand on y introduit un furet. Si nous avions à nous défendre, de quelles armes disposions-nous, Paolo et moi ? D'une épée dans les mains d'un garçon de mon âge et de ma dague. Mais s'ils nous surprenaient ici, ils ne se donneraient pas la peine de livrer bataille. Ils nous enfermeraient à l'intérieur et nous enfumeraient en mettant le feu à de la paille entassée devant la porte. Ou bien attendraient-ils que l'on meure de faim ? En tout cas, nous étions pris au piège.

De l'autre côté de la porte, me parvinrent la voix du moine et celle de quelqu'un d'autre, plus pressante.

– Pense à autre chose, conseillai-je à Elisabetta.

– Je n'y arrive pas.

– Mais si.

Je cherchai désespérément un sujet agréable susceptible de détourner son attention.

– Rappelle-toi le temps où nous allions tous ensemble cueillir les dernières mûres le long de la rivière à Perela. On vous avait donné de la couture à faire, à toi et à Rossana. Paolo et moi, nous avions les mors et les brides à astiquer et une selle neuve à cirer. Mais il faisait très chaud cet après-midi-là et, pendant que les adultes faisaient la sieste, nous nous sommes échappés pour aller au bord de la rivière. T'en souviens-tu ?

– Oui, je crois.

– C'était un des derniers beaux jours d'automne, poursuivis-je, nous avions traversé sur la pointe des pieds la cour devant les écuries, quitté la forteresse et gagné les champs. Tu te rappelles ?

– Oui.

– Et nous avions retrouvé l'endroit où les mûres étaient abondantes ; toi et Rossana, vous en aviez tant cueilli que vos tabliers en étaient pleins. Nous avions dû les manger car nous ne pouvions les rapporter à la maison. Nous avions peur que l'on découvre notre escapade. Nos bouches étaient toutes barbouillées ; j'avais trempé un linge dans la rivière, pour nous nettoyer le visage les uns les autres.

– Je m'en souviens.

– Pense à cela maintenant, oublie tout le reste.

Nous entendîmes soudain un grand bruit : on déplaçait la barre maladroitement pour ouvrir la porte. Le prêtre voulait ainsi nous prévenir de rester tranquilles.

J'espérais que Rossana et Paolo avaient écouté notre conversation, surtout Paolo que je craignais de voir bondir l'épée à la main. Se remémorer cette journée à Perela les aiderait à garder leur calme.

Un souvenir me revint en mémoire : Rossana, au milieu de la haie éclatante des mûriers sauvages. Son fichu avait glissé de sa tête et ses cheveux dénoués s'étaient pris dans les ronces. Elle s'était tellement débattue pour se libérer qu'elle n'avait réussi qu'à les emmêler davantage. Elle m'avait alors supplié de l'aider. Je me surpris à revivre ce moment : l'innocente coquetterie de Rossana quand elle riait avec moi de cette situation fâcheuse, mon trouble d'être si près d'une fille, l'éclat éblouissant du soleil, la chaleur de ce vallon, ses cheveux soyeux sous mes doigts. C'était juste avant la fête de la Naissance de la Vierge.

Ce soir-là, avec la famille, j'avais parlé des grandes fêtes qui avaient lieu à cette occasion dans toutes les villes, des réjouissances, des processions dans les rues, des danses et des attractions auxquelles on pouvait participer. Les parents avaient décidé d'organiser eux aussi un petit carnaval. Ils avaient fait tuer un cochon et nous avions joué dans la cour. Les filles avaient revêtu leurs robes régionales et elles avaient dansé sur des airs traditionnels, nous avions raconté des histoires, mon maître avait joué du luth et chanté et…

Dans un grand fracas, la porte de la morgue s'ouvrit.

CHAPITRE 27

Allongé sous le linceul, je sentis ma main se crisper sur ma dague.

– Moine, où sommes-nous ? lança une voix.

J'ouvris les yeux. À travers le drap, je réussis à distinguer la silhouette d'un homme dans l'embrasure de la porte.

– Comme vous le voyez, nous sommes dans une morgue, répondit calmement le père Bénédict qui semblait se trouver derrière lui.

– À quelles immondes pratiques vous livrez-vous pour cacher ces cadavres derrière une porte verrouillée ?

– Vous avez écouté trop d'histoires de sorcellerie et de nécromancie. Nous sommes dans un monastère disposant d'un hospice où les frères soignent les malades. Aucun acte répréhensible n'est commis à l'intérieur de ces murs.

– Mais alors, pourquoi ces corps sont-ils ici et non avec les autres ?

– Nous attendons des dispositions spéciales concernant leur sépulture.

– Quelles dispositions spéciales ?

On entendit des hommes bottés entrer dans la pièce. Ma gorge se serra. J'ouvris la bouche pour mieux respirer. Le prêtre toussa. Je perçus comme un froissement d'étoffe : l'homme avait dû tirer le linceul recouvrant le cadavre le plus près de la porte.

– Cette femme porte les habits d'une paysanne, pas ceux d'une noble dame, déclara-t-il. Il ne peut y avoir de dispositions spéciales pour elle. Pourquoi a-t-on gardé ces gens à part ? Les corps sont supposés être enterrés dans les trois jours suivant la mort. C'est la loi.

– Par ordre de César Borgia, ces corps sont ici en attente de leur inhumation par des fossoyeurs volontaires. (Le père Bénédict venait de changer de ton.) Je vous conseille de ne pas aller plus loin dans vos investigations au sujet de ces pauvres malheureux, dit-il avec autorité.

– Pourquoi ? Qu'avez-vous caché ici, prêtre ?

– La pièce est petite. Vous pouvez regarder sous les tables, partout si vous voulez. Il n'y a ici que des cadavres et rien d'autre.

– Venez me montrer.

– Je n'entre jamais dans cette pièce, à moins d'y être obligé. Je vois que vous portez des gants. Heureusement, car vous avez failli toucher un corps tout à l'heure.

La voix de l'homme parut hésiter.

– Que voulez-vous dire ? Pourquoi restez-vous à la porte ?

– Parce qu'il ne fait pas bon s'attarder dans cet endroit. (Le prêtre parlait désormais très lentement.) La maladie dont ces gens sont morts m'oblige à respirer le moins possible l'air de cette pièce.

– Leur maladie ? Quelle maladie ? De quoi sont-ils morts ?

– Ces pauvres âmes ont été emportées par un fléau qui ravage l'humanité, répondit le père Bénédict d'une voix très douce. Une mort terrible. Ils sont morts de la peste.

L'homme poussa un cri et recula d'un bond. Il poursuivit d'une voix étouffée, comme s'il avait posé la main sur sa bouche.

– Il y a la peste ici ?

– Hélas, oui. Cette calamité nous a été envoyée par le Ciel. Nous acceptons nos souffrances grâce aux prières et aux expiations.

– Restez où vous êtes ! Ne m'approchez pas, espèce de prêtre pestiféré ! Vous auriez dû en informer les autorités !

– Je l'ai fait. Le magistrat de la ville a été avisé, comme la loi l'exige. Mais votre chef, César Borgia, a donné des directives pour que personne d'autre ne soit informé et il a interdit toute déclaration publique. Il ne veut pas que les gens fuient la région alors qu'il est en train de mener campagne. Les routes risqueraient d'être encombrées par une foule de réfugiés et il exige qu'elles soient dégagées pour déplacer ses armées. Nous avons reçu des instructions concernant ces victimes : elles doivent être gardées dans un local distinct, fermé à clef et enterrées sans bruit, en pleine nuit, loin des murs de la ville. Pas un mot au sujet de cette épidémie à quiconque. Vous feriez bien de tenir compte de cet ordre.

– Refermez cette porte immédiatement !

– Je ne demande pas mieux.

La porte se ferma en grinçant. Le verrou fut replacé. On entendit les pas s'éloigner.

Selon mes calculs, plus de deux heures s'écoulèrent avant le retour du moine.

– Bien joué, s'exclama Paolo d'un ton admiratif, au moment où le père Bénédict nous faisait pénétrer dans la partie principale de l'hospice. En prétendant que ces gens avaient la peste, vous avez effrayé les soldats et vous les avez fait fuir.

Le prêtre nous avait conduits dans un local vide servant de réserve. Il ferma la porte et, se plaçant devant nous, il déclara d'une voix solennelle :

– Paolo et vous tous, il ne s'agissait pas d'un jeu. Je n'ai pas menti. Les gens contre lesquels vous étiez allongés sont bien morts de la peste.

Paolo, la bouche ouverte, fut pétrifié d'horreur. Elisabetta empoigna Rossana et la tint serrée contre elle.

– Morts de la peste ! s'écria-t-elle. Nous étions allongés contre des gens morts de la peste !

– C'était selon moi l'unique endroit que les soldats ne fouilleraient pas. Ils ont saccagé tout l'hospice, vidé les placards, sondé les cheminées avec leurs lances, retourné les lits avec les malades. En vous cachant là, vous avez eu la vie sauve… pour le moment.

– Nous avons échappé à une mort pour en affronter une autre, se lamenta Paolo.

– Sans doute, répondit calmement le prêtre. Nous ne savons pas au juste comment cette maladie se propage. Il se peut que l'ange de la mort soit passé sur vous en vous épargnant, comme cela est déjà arrivé. Mais ne perdons pas de temps.

Il nous tendit à Paolo et à moi un petit sac en toile de jute.

– J'ai un peu de pain à vous offrir pour votre voyage : si j'en avais pris plus, quelqu'un dans les cuisines aurait pu se douter de votre présence. Il vaut mieux que nous soyons les seuls, Ercole et moi, à le savoir.

– Notre voyage, père ? interrogea Elisabetta. Vous voulez que nous partions ?

– Il faut quitter ce lieu au plus vite. Quand ils s'apercevront que vous n'êtes pas dans la ville, ils reviendront ici et ils chercheront avec plus de soin. Il est presque minuit, l'heure à laquelle les fossoyeurs charitables arrivent pour procéder à la levée des corps. Je vous conseille de vous mettre en route sans tarder.

– Mais nous ne savons pas où aller !

– Je vais vous l'indiquer.

Il s'agenouilla et, du doigt, traça un plan sur le sol.

– Ercole va vous faire sortir de l'hospice par un tunnel qui débouche près de la rivière. Quand vous le quitterez, remontez le courant.

– Remonter la rivière, protesta Paolo, mais on va revenir sur nos pas !

– Oui, mais c'est le seul moyen de vous mettre à l'abri. Au bout d'une demi-heure de marche, vous bifurquerez. Vous laisserez la route de Perela pour prendre la direction de la montagne. Et après une bonne journée de marche, vous atteindrez la ville de Melte, où vous trouverez refuge dans un petit couvent de nonnes cloîtrées.

– Refuge ? répéta Elisabetta. Si seulement vous aviez raison.

– Faites-moi confiance, insista le prêtre. Maintenant, écoutez-moi bien : Ercole peut seulement vous accompagner jusqu'à la rivière. Il doit revenir ici très rapidement. Tout doit paraître normal avant l'arrivée des fossoyeurs et le retour des soldats.

Le père Bénédict montra le plan qu'il avait improvisé sur le sol.

– Connais-tu la région de l'autre côté d'Averne ? demanda-t-il à Paolo, qui fit non de la tête.

– Moi, je la connais, répondis-je.

Le moine me regarda avec attention. Il avait dû reconnaître en moi le serviteur de messire de Vinci mais il n'avait fait aucun commentaire à ce sujet.

– Très bien. Je vais montrer à Matteo le chemin à prendre pour arriver jusqu'au couvent. Retiens bien ce dessin, je vais l'effacer. Il est préférable de n'avoir sur soi ni carte ni lettre d'aucune sorte. C'est trop dangereux. Si de tels documents tombaient en de mauvaises mains, la sécurité de l'hospice serait menacée. D'ailleurs, quand tu auras atteint Melte, tu n'auras plus besoin de lettre. La mère supérieure du couvent est ma sœur. Annonce-lui que tu viens de ma part et elle t'accordera l'hospitalité.

– Supposons qu'elle ne nous croie pas ? hasardai-je.

– Ma gentille sœur n'aura pas le cœur de renvoyer quatre enfants.

– Je ne suis pas un enfant, s'écria Paolo en colère.

– En effet, constata le prêtre avec tristesse, tu n'es plus un enfant.

– Elle acceptera deux filles, père, remarqua Elisabetta, mais la présence à nos côtés de deux garçons, presque des hommes, lui donnera une raison de nous refuser d'entrer dans son établissement de nonnes cloîtrées.

– Vous avez raison, laissez-moi réfléchir... Je vais vous raconter un événement survenu dans notre enfance et que nous sommes les seuls à connaître, elle et moi. Ce sera la preuve que vous venez bien de ma part.

Il fit une pause, puis il poursuivit :

– Rappelez-lui qu'elle cueillit des roses dans le jardin pour orner la statue de la Vierge, mais que je fus le seul à être battu par le jardinier de notre père.

– Nous le lui dirons, déclara Elisabetta, mais ne devrions-nous pas aussi l'avertir que nous avons été en contact avec des gens morts de la peste ?

Le prêtre acquiesça :

– Il le faut en effet. Et pendant votre voyage, évitez les rencontres et prenez grand soin de vos vêtements. On ne connaît pas avec certitude la manière dont la peste se propage. Le premier malade soigné dans notre hospice était un chiffonnier. Cela signifierait, comme certains le pensent, que la peste serait transportée par les vêtements. Mais les deux autres cas étaient des bateliers charriant des matériaux et des vivres. On prétend que l'infection se trouve dans la gueule des rats et qu'elle nous est transmise lorsque cette vermine s'attaque aux sacs de grain. Mais on n'en est pas sûr. De toute façon, prévenez ma sœur que vous êtes peut-être contaminés. Avec l'aide de Dieu, elle jugera par elle-même d'un traitement pour vous.

Paolo le salua avec cérémonie :

– Au nom de tous les miens, je vous remercie, père, pour votre aide.

– J'aimerais faire plus, soupira le religieux. Rossana, votre sœur, a besoin de soins mais il serait trop risqué de retarder votre départ. Pour quelle raison vous pourchassent-ils avec tant de haine ?

– Ils ont parlé d'un trésor, se rappela Elisabetta. Ils cherchaient un trésor de grande valeur.

– Ce doit être une erreur, renchérit Paolo. Nous n'en avons jamais possédé.

– Es-tu certaine de les avoir bien entendus ? questionna le prêtre.

– Oui, confirma Elisabetta.

– Dans votre fuite, avez-vous emporté des bijoux ?

Paolo eut un rire nerveux.

– La famille Dell'Orte n'a jamais possédé de bijoux, ni d'argenterie de valeur, ni de pièces d'or. Mon père a passé toute sa vie sous les armes. Pour entretenir sa famille et ses serviteurs, il a vécu du produit de ses terres.

– Je comprends pourquoi ils ont voulu te tuer, poursuivit le moine. Comme un fils cherche toujours à venger sa famille, ils ne voulaient pas que tu vives ; mais pourquoi continuent-ils à te poursuivre avec tant d'acharnement ? Ont-ils des raisons d'avoir peur de toi ? As-tu des parents auxquels tu pourrais demander de prendre les armes ? De la famille prête à se battre pour vous ?

Paolo fit signe que non.

– Le frère de ma mère vit quelque part du côté de Milan, mais je le connais très peu. Cet oncle correspondait de temps en temps avec ma mère. Il n'est pas très riche et il ne dispose pas d'hommes susceptibles de se battre à ses côtés.

– Il reste encore bien des choses à éclaircir dans cette histoire. (Le prêtre parla ensuite lentement en regardant Elisabetta.) Tu dis les avoir entendus parler d'un trésor ?

Elisabetta acquiesça.

– Un trésor de grande valeur, c'est l'expression qu'ils ont employée.

Le père Bénédict fronça les sourcils. Son front plissé montrait qu'il était en train de réfléchir intensément.

Je me mis à transpirer. J'espérais qu'Elisabetta et Paolo ne se souviendraient pas des mots exacts prononcés par les bandits.

– Il ne s'agit pas vraiment d'un trésor, rectifia Elisabetta. Ils ont dit qu'il avait la clef donnant accès à ce trésor.

– Et toi, tu ne sais rien, Paolo ? interrogea le religieux. Ton père possédait-il une clef ouvrant un coffre ?

– Il n'y avait aucun trésor chez nous, répéta le jeune homme, sinon mon père l'aurait caché avec moi.

– Ton père ne t'a-t-il pas donné de consignes, laissé un message ou une note écrite ?

Paolo fit un geste d'impuissance.

– J'y ai souvent repensé. Non, il ne m'a rien laissé.

Pour augmenter mon trouble, le moine commença à retourner dans sa tête les bribes d'information qu'il avait recueillies :

– Ton père savait qu'il allait mourir. Il met sa femme et ses enfants dans la chapelle de la forteresse en espérant que les soldats ne viendront pas violer ce sanctuaire. Faux espoir avec de tels barbares. Ensuite, il cache son fils aîné car il sait qu'ils n'hésiteront pas à tuer ce garçon presque adulte.

Le prêtre fixa Paolo.

– S'il avait possédé un trésor, il t'en aurait parlé ?

– Monsieur, répliqua Paolo, mon père ne m'a rien dit. Il m'a juste demandé de veiller sur ma mère et sur mon frère et... et sur mes sœurs. Et de défendre mon honneur en tout lieu.

Le moine observa Elisabetta.

– Redis-moi ce que tu as entendu.

Elisabetta réfléchit quelques secondes :

– Ils ont dit : « Il faut mettre la main sur le garçon, il détient la clef du trésor. »

Les rides sur le front du prêtre se creusèrent davantage :

– Ont-ils prononcé le nom de Paolo ?

La peur me noua l'estomac. J'allais être découvert. Le religieux était trop habile pour ne pas voir le défaut dans la trame de mon histoire.

Elisabetta reprit la parole :

– Si je me souviens bien…

La porte s'ouvrit et Ercole entra. Il tenait une lanterne d'une main et de l'autre une longue tige en métal.

– Père, l'hospice est calme et la rue est déserte. Nous devrions partir immédiatement.

Le moine s'effaça pour nous laisser passer.

– Suivez Ercole et obéissez-lui.

Comme nous sortions de la réserve l'un derrière l'autre, il me toucha l'épaule :

– Souhaites-tu que je transmette un message à ton maître pour l'avertir que tu es en difficulté et que tu as besoin de son aide ?

– Non. J'espère pouvoir le retrouver à Florence. Je vais d'abord conduire mes amis jusqu'au couvent de Melte, et ensuite, je continuerai vers Florence.

Le prêtre acquiesça :

– Tout cela me paraît raisonnable. Mais pourquoi es-tu si attaché à cette famille, Matteo ?

– Ils nous ont offert le gîte l'été dernier. Je… j'ai appris qu'ils étaient en danger et… et je me suis détourné de ma route pour aller les prévenir, mais je suis arrivé trop tard. Je suis resté avec eux pour les aider.

J'avais imaginé que le moine me poserait cette question et j'avais préparé ma réponse. Même si je venais d'hésiter dans mes explications, le père Bénédict parut me croire.

– Le Ciel te récompensera pour ta charité.

Il posa la main sur ma tête. Je me sentis rougir de honte.

Arrivés au cloître, il nous fit ses adieux et nous bénit chacun notre tour.

– Maintenant, je vais aller prier à la chapelle.

– Est-ce d'un si grand secours face à des épées ? murmura Paolo.

– Si je dois mourir, déclara calmement le religieux, je n'imagine pas de meilleur endroit. N'oubliez pas de rappeler à ma sœur que je lui pardonne de m'avoir laissé battre à sa place.

Il toucha la poitrine de Paolo.

– Ton cœur est plein de haine. Essaie de trouver une petite place pour laisser entrer la grâce de Dieu. Rappelle-toi : « La vengeance est mienne », dit le Seigneur.

Paolo attendit que le père Bénédict fût assez loin pour qu'il ne l'entende pas murmurer entre ses dents :

– Les paroles du Seigneur sont aussi les miennes. J'en fais le serment ; pour l'honneur de ma famille, je réclame la mort. Pas de merci pour qui leur a ôté la vie.

Mon ami tira l'épée de son fourreau, la leva et en baisa la lame.

– Moi, Paolo Dell'Orte, je jure sur le sang de mon père, de ma mère et de mon frère que je me vengerai.

CHAPITRE 28

Ercole nous fit traverser l'hospice. Comme nous arrivions devant les entrées donnant accès aux grandes salles où dormaient les malades, il masqua la lumière de sa lanterne et, chacun à notre tour, nous passâmes sans nous attarder devant les portes. Un lampion brûlait faiblement sous les arcades. Avec un peu de chance, ceux qui ne dormaient pas encore apercevraient juste des ombres dans la profondeur du cloître.

Nous le suivîmes le long des couloirs et nous atteignîmes des ateliers et des dépendances, dont les toits jouxtaient le bâtiment principal de l'hospice. Là se trouvait la buanderie : des pièces pourvues de séchoirs, de grands éviers et de canalisations qui couraient dans le sol. Posées sur des pierres, d'énormes cuves, sous lesquelles on pouvait allumer du feu, servaient à faire bouillir draps et vêtements. Derrière l'une de ces cuves, on apercevait un étroit escalier en colimaçon. Éclairés par Ercole, nous descendîmes les marches de cet escalier qui tournait, tournait... Nous arrivâmes à moitié étourdis dans une petite pièce vide, avec une grille scellée dans le sol pavé. Ercole posa sa lanterne et prit à deux mains la tige métallique qu'il transportait.

– Quel mauvais coup préparez-vous ? s'inquiéta Paolo en portant la main à son épée. Vous nous avez amenés ici pour nous assassiner ?

Ercole ne se donna pas la peine de répondre. Saisissant la tige métallique à une extrémité, il poussa avec force l'autre sous le bord de la grille. En grognant, il la souleva un peu et essaya de la pousser sur le côté.

– Vous deux, donnez-moi un coup de main, nous lança-t-il, furieux.

Nous l'aidâmes et, à nous trois, nous réussîmes à faire basculer la lourde grille sur un côté. Sous nos pieds, on entendait le grondement de l'eau.

– Descendez, ordonna Ercole en montrant le trou, descendez tous.

– Qu'y a-t-il en bas ? demanda Paolo.

– Nous sommes sous la buanderie, expliquai-je. L'hospice dispose d'un important système d'égout qui sert à évacuer les vidanges et à se débarrasser des eaux usées.

– Vous allez nous faire descendre dans l'égout ? interrogea Paolo. On l'entend sous nos pieds.

– Non, c'est la rivière, rectifia Ercole.

– Mais nous risquons de nous noyer, s'inquiéta Elisabetta.

Ercole la regarda avec beaucoup plus de bienveillance que lorsqu'il s'adressait à Paolo ou à moi. Il secoua la tête :

– Non. C'est le chemin qui mène à la sortie.

Il désigna du doigt Paolo.

– Toi d'abord.

Et comme Paolo hésitait, il lui cria :

– Descends. Tu vas aider les autres.

Paolo me jeta un coup d'œil. Je compris ce qu'il voulait dire : « Je te laisse avec mes sœurs, protège-les de cette brute. »

J'inclinai la tête. Paolo se dirigea vers l'orifice et s'assit, les jambes pendant dans le vide. Ercole apporta la lanterne pour éclairer au-dessus de sa tête. S'arc-boutant contre les parois, Paolo disparut dans l'obscurité.

Au bout de quelque temps, nous l'entendîmes nous crier :

– Je suis dans une galerie assez haute pour se tenir debout. Il n'y a pas d'eau, on est au-dessus du niveau de la rivière.

Ercole prit Rossana par la main et, à ma grande stupéfaction, elle accepta qu'il la conduise jusqu'au bord du trou.

– Assieds-toi.

Rossana s'assit. Ercole s'agenouilla devant elle, il lui tendit les bras et elle posa ses mains dans les siennes. Ercole lui saisit les poignets et Rossana se laissa glisser. On entendit la voix de Paolo venir d'en bas :

– Je la tiens.

Elisabetta vint s'asseoir d'elle-même à sa place. Ercole l'aida à descendre.

– Vous venez aussi, demandai-je à Ercole, pour nous montrer le chemin ?

Il acquiesça.

Maintenant, c'était à mon tour, mais mes jambes m'obéissaient à peine. Je me forçai à marcher vers le trou, vers le néant de l'enfer. Ercole m'observait. Je baissai la tête pour l'empêcher de lire la peur sur mon visage. Il me tendit les bras. Je réussis à m'agenouiller face à lui. Le vide m'attirait. Les paumes de mes mains étaient moites, mon front couvert de sueur. Je me mis à trembler.

– Ferme les yeux, grommela Ercole. Donne-moi tes mains.

J'obéis.

La voix d'Elisabetta me parvint d'en bas, calme, perceptible malgré le bruit de l'eau.

– Il y a assez de place pour nous tous ici, Matteo.

Comme un aveugle, j'avançai à tâtons. Je sentis les doigts calleux d'Ercole autour de mes poignets. Il me tira vers lui. Pendant une seconde, je me balançai au-dessus du vide, pris de vertige. Mon esprit chancelait et mes pieds frottaient désespérément contre les parois mais il ne me lâcha pas.

– Laisse-toi faire.

Les bras puissants de Paolo s'enroulèrent autour de moi et j'arrêtai de gigoter. Il me déposa dans la galerie et me chuchota à l'oreille :

– S'il le voulait, l'homme qui est là-haut pourrait très bien remettre en place la grille et nous enterrer ici.

Je chassai cette idée avant qu'elle ne prenne corps. Je ne le croyais pas. Ercole allait descendre pour nous aider comme le moine lui avait recommandé.

– Non, répliquai-je à Paolo, regarde.

La petite lumière vacillait au-dessus de nous. Ercole, sa lanterne accrochée à la ceinture, franchissait le passage pour venir nous rejoindre. Cette faible lueur semblait rendre l'obscurité encore plus épaisse. Le visage des filles luisait dans le noir ; leurs yeux paraissaient avoir disparu de leurs orbites.

– Par ici, ordonna Ercole en se faufilant pour passer devant nous. Nous allons marcher les uns derrière les autres.

Nous avançâmes en ralentissant le pas pour le laisser passer. Rossana claquait des dents. Je serrai les mâchoires pour ne pas en faire autant.

– Toi, le malin, commanda Ercole en me montrant du doigt, marche derrière moi. Et toi (il désignait Paolo), toi qui désires tant te battre, reste derrière. Si quelqu'un nous suit, nous verrons ce dont tu es capable, avec ta grande épée.

Paolo tressaillit. Il n'avait pas imaginé pouvoir être attaqué par derrière et dans un lieu aussi répugnant.

Nous nous disposâmes selon l'ordre indiqué par Ercole et nous le suivîmes dans l'égout.

Par le passé, lorsque j'avais connu la peur, je l'avais ressentie comme quelque chose à l'état brut, qui tord le ventre et accompagne la mort violente, les flots de sang, les hurlements de douleur. Là, on avait affaire à une crainte plus insidieuse, rampante, silencieuse, qui nous traquait alors que nous filions à toute allure dans cette galerie aux murs gluants, poursuivis par les odeurs des excréments, des vidanges et des ordures de l'hospice. À mes pieds, j'entendis un « floc » dans l'eau et je vis briller les yeux rouges d'un rat.

La galerie passait désormais sous les rues de la ville. Au-dessus de nous, nous entendions des bruits de pas, de portes que l'on enfonçait, d'épées qui ferraillaient. Au bout de quelques minutes, Ercole s'arrêta.

– Attendez.

Devant nous, se dressait une autre grille, aux barreaux couverts d'immondices. Sans hésiter, Ercole l'empoigna, la souleva et la tira avec force pour l'ouvrir.

– Doucement maintenant, murmura-t-il au moment où nous sortions à l'air libre. Toi, mon garçon, me lança-t-il en me mettant sous le nez son doigt sale, va derrière et imite le cri de la chouette si tu entends ou si tu vois quelque chose.

Nous débouchâmes sur un sentier que les blanchisseuses de la ville empruntaient quand elles venaient faire leur lessive et étendre leurs draps.

Ercole éteignit sa lanterne.

– Donnez-vous la main, ordonna-t-il. Nous allons faire le reste du chemin dans le noir.

Je pris la main de Rossana. De toute ma vie, je n'avais jamais encore tenu la main d'une jeune fille. Quelle douceur. Ses doigts étaient fins ; sa peau, fraîche. Il n'est pas fréquent qu'un garçon et une fille attirés l'un vers l'autre se comportent de cette manière la première fois. Habituellement, on échange des propos amoureux légers à l'occasion d'une foire ou d'une fête, on se promène au clair de lune, ou bien on se donne la main, assis dans un jardin. À quoi pensait-elle ? Un instant, la lune sortit des nuages et je vis le visage de Rossana baigné de larmes.

Quand nous atteignîmes la rivière, Ercole nous indiqua la direction à prendre :

– Marchez aussi vite que possible, sans vous arrêter.

Il regarda Rossana, ouvrit la bouche comme s'il avait voulu parler, mais il inclina simplement la tête et repartit en sens inverse.

CHAPITRE 29

Nous quittâmes le lit de la rivière pour prendre la direction de la montagne. Il m'était déjà arrivé de marcher dans l'obscurité; la silhouette des arbres et des buissons me sembla donc familière. Avec le plan du moine dans la tête, mais aussi d'instinct, je trouvai facilement ma route. L'œil aux aguets, j'écoutais le moindre bruit susceptible de signaler la présence d'éventuels poursuivants. Le terrain devenait plus accidenté et nous devions, Paolo et moi, soutenir les filles. Les bas d'Elisabetta et de Rossana étaient tout déchirés et nous avions les doigts en sang; nous progressions avec difficulté.

Après plus d'une heure de marche, Paolo proposa de faire une halte.

– Mes sœurs sont épuisées, me fit-il remarquer.

Je consentis à contrecœur:

– Quelques minutes seulement.

Nous mangeâmes un peu de pain, debout, appuyés contre un arbre. Je ne voulais pas les laisser s'asseoir, de peur qu'ils n'aient plus la volonté de repartir.

Il venait de neiger et j'avais conscience que nous laissions des traces de notre passage. L'aube était belle et froide. Derrière nous, à flanc de montagne, nous aperçûmes la ville et la rivière émergeant de la brume matinale.

– Nous devrions marcher plus vite, il ne faut pas que l'on nous voie quand le soleil se lèvera.

Nous percevions confusément l'imposante et fière beauté de la montagne, sous son manteau neigeux. Nous traversâmes une petite forêt ; désormais, la couche de neige était très épaisse. Je regardai de nouveau vers la vallée : on voyait des choses bouger près de la rivière ; étaient-ce des bateliers se préparant à charger leurs marchandises, ou bien des hommes qui se rassemblaient pour organiser une battue ?

À mesure que la couche de neige devenait plus épaisse, nous avancions plus lentement. Nous distinguions à peine la ville, seuls restaient visibles les contours du monastère et le clocher de l'église.

– Si nous avons du mal à les voir, ils ne peuvent donc pas nous voir non plus, remarqua Elisabetta dans un souffle.

Je me tus. Il m'était arrivé de chasser par temps de neige. À une demi-lieue, un homme est capable de repérer la forme sombre d'un lièvre.

Les filles marchaient péniblement, s'enfonçant parfois jusqu'à la taille. Il fallait s'arrêter. Paolo me posa alors la question qui me préoccupait :

– Matteo, sommes-nous sur le bon chemin ?

Nous nous arrêtâmes. J'avais le sentiment, sans en être certain, d'avoir suivi le chemin indiqué par le père Bénédict. Toutefois, je leur devais la vérité.

– Je pense que oui, répondis-je. Mais on devrait apercevoir le chemin de crête maintenant.

Nous levâmes les yeux. On ne voyait rien.

– Les importantes chutes de neige de ces derniers jours ont dû le recouvrir, commenta Elisabetta. Les cols sont souvent fermés en hiver.

Nous étions donc bloqués dans la neige.

Il nous était impossible de rebrousser chemin. Et pour l'heure, nous n'avions pas la force de chercher dans une autre direction.

– Il y a une tache sombre au pied de la crête là-bas, dis-je. À moins d'un quart de lieue d'ici. On dirait une grotte. Nous pourrions peut-être nous y abriter avant de prendre une décision.

Nous n'en étions qu'à une centaine de pas quand nous entendîmes un puissant craquement déchirer l'air.

Elisabetta poussa un cri en regardant derrière elle.

Paolo se retourna avec difficulté et tenta en vain de dégainer son épée.

Rossana leva la tête, je suivis son regard. Je compris que le bruit ne provenait pas de la vallée, mais de la montagne.

Je vis alors tout le sommet se détacher.
Je hurlai :
– Une avalanche ! Une avalanche !

CHAPITRE 30

Je saisis Rossana par la main et l'entraînai vers la grotte ; gênée par ses jupes, Elisabetta suivait avec peine. Mais Paolo était resté dans le couloir de l'avalanche.

Suffoquant, aveuglé par cette tornade qui descendait de la montagne en grondant, je fis demi-tour et me jetai sur lui. Mais nous fûmes tous les deux emportés dans le tourbillon et projetés contre les arbres, loin l'un de l'autre.

Je restai sans connaissance pendant quelque temps.

Les filles, qui étaient descendues nous chercher, parvinrent à nous traîner jusqu'à la grotte. Paolo avait le bras cassé ; moi, j'avais le corps couvert d'ecchymoses et j'étais tout endolori, mais nous avions échappé à la mort. Elisabetta déchira son jupon pour bander le bras de Paolo. Nous nous serrâmes les uns contre les autres et nous mangeâmes le reste de notre pain, à l'exception de Rossana qui refusa toute nourriture.

Il était déjà tard dans l'après-midi, la nuit tombait quand il se remit à neiger.

– Dieu a jeté sa malédiction sur notre famille, jura Paolo.

– Non, répliqua Elisabetta, il a peut-être envoyé cette avalanche pour nous venir en aide. Nos traces ont dû être effacées et notre chemin est dégagé. Je suis sortie et j'ai pu apercevoir le col. Dépêchons-nous de partir pendant que la neige tombe encore, elle fera disparaître nos pas.

Je regardai Elisabetta : elle avait changé. Depuis que Rossana était diminuée, elle avait pris de l'assurance.

Comme nous nous remettions en route, Elisabetta me demanda pourquoi je les avais emmenés à Averne.

– Parce que, dans cette ville, il y avait un hospice, répondis-je.

– Comment savais-tu que le moine nous cacherait ?

– Tout le monde connaît la bonté des moines de l'ordre de Saint-Hugues, dont la mission est de s'occuper des sans-logis.

– Étais-tu ami avec lui ?

Je fis non de la tête.

– Mais il te connaissait.

– Je ne le pense pas.

– Mais si, il te connaissait, il t'a appelé par ton nom ; pourtant, tu ne le lui avais pas dit.

C'était vrai, je m'en souvins tout à coup. Quand il avait dessiné le plan sur le sol, le père Bénédict avait prononcé mon nom.

Je marmonnai une vague explication :

– Je suis déjà allé au monastère avec le maître, où il avait l'autorisation de pratiquer des dissections. Mais il m'a fait promettre de ne pas en parler, craignant que son travail ne fût mal compris.

Elisabetta acquiesça. Elle avait un sens de l'observation très développé, je ne l'avais pas remarqué auparavant. Elle paraissait effacée, comparée à sa sœur d'un naturel plus enjoué. Maintenant que cette étoile faiblissait, celle d'Elisabetta commençait à briller. Son esprit si vif ne tarderait pas à deviner pourquoi on les traquait et pour quelle raison les soldats avaient parlé du « garçon », sans jamais désigner Paolo. Se souviendrait-elle qu'un autre garçon était arrivé en d'étranges circonstances chez les Dell'Orte, un garçon au passé incertain ? Lui viendrait-il à l'idée que c'était moi, et non son frère, que les soldats recherchaient ?

Elisabetta, Rossana et Paolo allaient-ils découvrir que leur famille avait été assassinée, non par des pillards à la solde de Borgia, mais par des renégats de la bande à Sandino ? Et que j'étais, moi Matteo, responsable de ce massacre ?

CHAPITRE 31

L'angélus[1] du soir sonnait quand nous parvînmes enfin à Melte. Nous découvrîmes tout de suite le couvent de la sœur du père Bénédict. C'était une petite construction adossée aux contreforts abrupts du col, entourée de hauts murs impossibles à escalader. On y pénétrait par une seule porte ; au-dessus de l'entrée, éclairée par un flambeau, on pouvait lire cette inscription : *Couvent de l'Enfant Jésus et de Saint-Christophe*.

– Saint Christophe, s'écria Elisabetta en faisant la moue, le saint qui veille sur les voyageurs. Espérons que nous sommes sous sa protection.

Elle s'avança.

– Attention, soyons prudents, dis-je.

– J'y vais, annonça Paolo. Je n'ai pas peur.

– Être prudent ne signifie pas avoir peur, répliqua Elisabetta sur un ton de reproche. Je vais y aller, moi, ils auront plus confiance en une femme.

1. Sonnerie des cloches pour inviter à la prière. De façon dérivée, l'angélus du soir annonçait aussi la fin de la journée de travail.

– Un homme a plus d'autorité pour les forcer à ouvrir, rétorqua Paolo, piqué au vif par la remarque de sa sœur.

– Il s'agit de nonnes cloîtrées, ne l'oublions pas, insista Elisabetta. Seuls le prêtre de la paroisse et, à l'occasion, un parent ont la possibilité de pénétrer à l'intérieur du couvent. Si c'est toi qui sonnes, tu risques de les effrayer. Je vais aller demander si je peux parler à la mère supérieure.

– On ne te laissera pas entrer, chercha à argumenter Paolo. Tu n'es qu'une enfant. On va te dire de revenir avec un adulte.

– Je répondrai que j'apporte un message urgent de la part de son frère d'Averne et que je veux lui parler en personne.

Paolo m'interrogea du regard.

– Il vaut mieux en effet qu'Elisabetta y aille seule, dis-je.

Puis je me tournai vers Elisabetta :

– Te rappelles-tu les paroles du moine ?

– Bien sûr, Matteo. Ce n'est pas parce que je suis une fille que j'ai oublié.

Nous laissâmes Elisabetta se diriger vers l'entrée. Elle fit tinter la cloche. Au bout d'un certain temps, le judas grillagé de la porte coulissa. On vit Elisabetta parler et le judas se refermer. Quelques minutes plus tard, la porte s'ouvrit. Une nonne apparut. Selon la règle, la nonne cloîtrée n'a pas le droit de franchir le seuil du couvent. Une fois ses vœux prononcés, elle y reste toute sa vie et, à sa mort, on l'enterre dans le cimetière du monastère.

La nonne se pencha vers Elisabetta pour lui parler, puis elle regarda dans notre direction.

Je poussai Paolo du coude.

– Redresse-toi, il faut qu'elle nous voie, nous devons lui montrer que nous n'avons pas de mauvaises intentions.

Paolo se releva, mais Rossana en fut incapable. Avec son bras valide, Paolo la tira contre lui, comme s'il avait voulu protéger un jeune enfant.

La mère supérieure nous fit signe d'avancer. Elle nous examina l'un après l'autre :

– Et comment va mon cher frère ?

– Il allait très bien lors de notre dernière rencontre, répondis-je, mais il a pris beaucoup de risques avec nous.

– Alors, je peux faire au moins aussi bien que lui, remarqua-t-elle en nous faisant entrer.

– Mais je dois vous dire une chose, avoua Paolo avec franchise, nous avons été en contact avec des gens morts de la peste.

La sœur qui avait ouvert la porte eut un mouvement de recul. La mère supérieure resta impassible.

– Si mon frère vous envoie ici, c'est que vous avez vraiment besoin d'aide.

Et elle nous ouvrit grand la porte.

La mère supérieure nous conduisit dans une cave creusée dans la montagne, à l'écart de la communauté.

– Enlevez tous vos vêtements, ordonna-t-elle, il faut les brûler. Vous vous frotterez ensuite avec une brosse dure et vous vous raserez les cheveux.

Elisabetta passa la main dans ses beaux cheveux bouclés. La mère supérieure s'excusa :

– Je suis désolée, mais c'est la seule façon de procéder si on veut empêcher la propagation de l'infection. Je vais vous chercher d'autres vêtements. Nous habillons tout le clergé, même des évêques et des cardinaux. Je vais voir ce qui pourrait vous convenir.

– J'estime que ces hauts dignitaires sont responsables de nos malheurs, protesta Paolo. Je ne supporterais pas de m'habiller comme eux.

– Alors peut-être comme un simple moine ? répliqua la mère supérieure avec le plus grand sérieux, mais en ayant du mal à dissimuler un sourire.

Cette femme paraissait aussi fine et intelligente que son frère.

C'est ainsi que nous revêtîmes la défroque des moines franciscains et nous la gardâmes par la suite.

Rossana, quant à elle, ne devait jamais porter l'habit des disciples du saint homme d'Assise. La mère supérieure avait pris nos vêtements et les avait examinés avec attention. Elle avait enveloppé dans une couverture bien chaude le petit corps de Rossana et l'avait transporté à l'infirmerie.

Et là, deux jours plus tard, Rossana Dell'Orte mourut.

CHAPITRE 32

Le vent d'hiver soufflait encore à travers la montagne mais les longues aiguilles de glace qui pendaient sous les toits du monastère commençaient à fondre. La mère supérieure décida alors qu'il était temps pour nous de partir :

– Dans un jour ou deux, le chemin pour descendre dans la vallée sera dégagé. C'est ce qu'attendent les soldats de Borgia.

Nous nous recueillîmes une dernière fois sur la tombe de Rossana. Une simple croix de bois indiquait l'endroit où elle avait été enterrée. Comme le veut l'usage dans les couvents, on avait inscrit un autre nom que le sien sur cette croix, choisi par Elisabetta.

– Depuis Perela, nous pouvions voir les sommets de vos montagnes, confia Elisabetta à la mère supérieure. Rossana et moi parlions souvent des anges qui doivent vivre ici, si près de Dieu. Maintenant, elle est parmi eux. Que les anges du Ciel l'accueillent ; désormais elle s'appelle sœur Angèle.

Un berger nous guida à travers la montagne. Paolo et Elisabetta me proposèrent de les suivre chez leur oncle, qui vivait près de Milan.

Je refusai :

– Il faut que j'aille à Florence rejoindre mon maître.

J'avais causé assez d'ennuis à cette famille. Il valait mieux que nous nous séparions.

– Si nous devions ne plus jamais nous revoir, je vous souhaite bonne chance, dis-je.

– Mais nous nous reverrons, déclara Paolo d'un air farouche, même si c'est dans plusieurs années. Je vais attendre d'être un homme. J'aurai alors besoin de toi pour me venger. Jure-moi, Matteo, que tu viendras m'aider.

Que faire ? Étant donné les circonstances, il me fallait accepter.

Mon ami me saisit le bras.

– En attendant, je te recommande d'être vigilant, Florence est tellement liée aux événements actuels et tu côtoies tant de gens importants, Matteo. Le moment venu, je t'écrirai à l'atelier de messire Léonard de Vinci.

Nous nous séparâmes. Ils emportaient avec eux leur douleur et leur soif de vengeance. Moi, je portais en plus le lourd sentiment de ma culpabilité. Et aussi, pendue à mon cou, la source de tous nos ennuis.

La mère supérieure avait remarqué la bourse que je cachais sous ma tunique. Elle m'avait demandé si elle renfermait quelque sainte relique. J'avais alors acquiescé, trouvant là l'occasion d'expliquer mon attachement pour cet objet. Beaucoup de gens portent sur eux une relique ou une médaille à l'effigie de leur saint, épinglée à leur chapeau ou au revers de leur manteau.

– Je dois m'assurer que cette bourse n'est pas contagieuse. Je vais t'en faire une autre, Matteo, donne-la-moi, je vais la laver avec des sels d'ammoniaque, ainsi que l'os du saint qu'elle contient.

– Je vais le faire moi-même, répondis-je.

– Cela ne diminuera en rien le pouvoir de cette relique si on la nettoie, poursuivit la nonne, qui se méprenait sur mon attitude. La croyance n'est pas dans l'objet, la foi est dans ton cœur et elle nourrit ton âme.

– Je comprends, mais je veux le faire moi-même.

Elle apporta un récipient avec des sels d'ammoniaque et de l'eau. Elle me fit cadeau d'un petit sac en cuir attaché à une cordelette, semblable à ceux que portent les pèlerins à leur cou. Puis, à l'abri des regards, je mis le feu à ma bourse, non sans avoir au préalable transféré son contenu dans le sac neuf.

J'avais pris le temps de l'examiner, lui qui avait été la cause de tant de morts et de tant de violence.

En or massif, il portait les armes d'une des plus puissantes familles d'Italie. Un blason orné de six boules était sculpté sur le dessus ; emblème des banquiers au pouvoir immense. Cette illustre famille avait financé l'Italie et le Vatican. Elle avait apporté son soutien à la France, à l'Allemagne, à l'Angleterre et à l'Espagne.

Cet objet, Sandino m'avait forcé à le voler. César Borgia lui en avait promis une forte somme d'argent.

C'était le Grand Sceau des Médicis.

Quatrième partie

Le scribe gaucher

Florence, 1505
Deux ans plus tard

CHAPITRE 33

Personne n'avait remarqué que les travaux débuteraient un vendredi à treize heures, à part moi et l'alchimiste, Zoroastre.

– Cette date n'est pas favorable pour entreprendre un tel projet, me glissa-t-il à voix basse, alors que nous attendions le maître.

Le vendredi, on vend du poisson dans les rues car les chrétiens s'abstiennent de manger de la viande, en souvenir du sacrifice de leur Rédempteur, le Christ. Pour beaucoup, même non-croyants, ce jour est maudit.

– Nous sommes bien vendredi, aujourd'hui, constatai-je.

– Oui, aujourd'hui c'est vendredi, répéta Zoroastre, et messire Léonard veut se mettre au travail à treize heures.

L'air grave, Zoroastre hocha la tête et martela :

– Ce n'est vraiment ni le jour ni l'heure.

– En avez-vous déjà parlé au maître ? lui demandai-je.

– Oui, hier soir. Mais il ne voulait pas attendre. Selon lui, il n'a pas les moyens de payer des ouvriers à ne rien faire. De plus, les magistrats de la ville s'impatientent. Il faut aller plus vite. Ils le trouvent trop lent et le menacent de pénalités s'il ne peint pas dès aujourd'hui.

Zoroastre et moi savions dans quelle disposition d'esprit était le Conseil de Florence – et Pier Soderini en particulier. Peu respectueux de mon maître, il le blâmait sans cesse et le brusquait depuis presque deux ans.

– Quand il arrivera, Matteo, tu lui parleras, continua Zoroastre. Cela risque de porter malheur de débuter le travail à cette heure-là, il doit le savoir.

– Il vous estime beaucoup, répliquai-je. Je ne pourrai pas le faire changer d'avis si vous n'y êtes pas parvenu vous-même.

– Je sais. Il m'estime pour mon habileté à forger les métaux, pour ma connaissance des pouvoirs et propriétés des éléments, pour ma capacité à préparer les couleurs... mais mon aptitude à interpréter les forces occultes ne l'intéresse guère. Il n'y attache aucune importance. Hier soir, quand je l'ai supplié de remettre ce chantier, il s'est mis à rire. Oui, il a ri.

Zoroastre me jeta un regard noir sous ses épais sourcils.

– On ne doit pas se moquer des choses qu'on ne comprend pas.

Nous avions baissé la voix, unis dans une même crainte de l'inconnu. Les ouvriers continuaient à bavarder entre eux, nous ne leur parlâmes de rien. Les gens réunis dans la salle du Conseil du Palazzo Vecchio attendaient les instructions du maître ; c'étaient pour la plupart des artisans expérimentés – des compagnons, des apprentis et des peintres. Parmi eux, des érudits étudiant la théologie, l'art et les œuvres de l'Antiquité. L'un d'eux, le brillant Flavio Volci, âgé de quinze ans, était de peu mon aîné, mais il savait lire le latin et le grec. Ils se seraient moqués de nous si nous leur avions fait part de nos craintes. Felipe, par exemple, suivait les règles de l'Église et il aurait rejeté de telles superstitions, car il croyait à la force de la prière pour venir à bout du mal. D'autres, plaçant l'homme au centre de l'univers, auraient réagi de la même façon. Moi, je partageais beaucoup de choses avec Zoroastre et j'avais fini par bien connaître ce petit homme trapu.

– Nous allons essayer de le retenir le plus longtemps possible, proposa Zoroastre. Au moins jusqu'à ce que la treizième heure ait sonné. Nous devons le protéger de lui-même.

Selon une pratique ancestrale visant à éloigner les démons, Zoroastre avait noué du fil rouge sur les étais du pressoir servant à écraser les blocs de pigment destinés à la préparation des couleurs. Elle provenait d'une légende selon laquelle au commencement du monde, l'homme, fatigué de vivre dans le froid et les ténèbres, s'était procuré le feu de la main de Dieu. Aussi, avoir la couleur rouge chez soi et à l'endroit où l'on travaillait, était-il un moyen de rappeler aux mauvais génies que l'on avait le pouvoir de les détruire. Alors, ils vous laissaient tranquille.

Outre le matériel de Zoroastre se trouvant déjà dans la salle du Conseil, des tables et un échafaudage avaient été transportés depuis notre atelier du couvent de Santa Maria Novella. Il y avait en plus des reproductions d'hommes et de chevaux, en cire et en argile, et le carton de la fresque dont la plus grande partie était fixée sur des cadres en bois. Peu avant, on avait fait venir un lot d'éponges, des sacs de charbon de bois pulvérisé et de l'enduit pour préparer la surface à peindre ; et le mois précédent, la partie centrale du carton avait été transférée sur le mur. Le secrétaire du Conseil, Nicolas Machiavel, avait demandé à un scribe et à un historien de raconter la célèbre bataille d'Anghiari, remportée par les Florentins[1]. Grâce à ces notes, mon maître avait imaginé la scène principale, celle de la lutte pour l'étendard, considérée comme le symbole de la liberté face à la puissance des despotes. Elle constituait la clef de voûte de l'œuvre et elle étonnerait le monde entier.

Je fus stupéfait en la découvrant.

1. Le 29 juin 1440, les Florentins battent les Milanais, les dépossédant ainsi de la Toscane.

Cette mêlée furieuse me fascinait : les chevaux, les naseaux dilatés, se cabraient, leurs flancs battaient, les hommes grimaçaient, le torse distordu au milieu des sabots qui frappaient l'air dans un tourbillon infernal.

Sur le côté de la fresque, un cavalier gisait à terre, le crâne ouvert. Les chevaux piétinaient les mourants. Pris dans la mêlée, au milieu du carnage, des hommes hurlaient de terreur, le visage parcouru de spasmes, dans un rictus annonciateur de la mort. Les soldats donnaient des coups de couteau, de hache et d'épée, luttant pour s'emparer de l'étendard. Certes, ce fut un glorieux événement, mais moi, je voyais surtout la brutalité des hommes qui s'entretuaient.

Une fois le contour de la fresque tracé, Felipe, avec son sens des réalités, l'observa longuement. Il s'adressa au maître :

– Vouliez-vous vraiment montrer tant d'atrocités ?

– Est-ce ton impression, Felipe ?

Il y eut un silence. Le maître ne parlait jamais de ses intentions et il avait horreur de la violence. On le sollicitait souvent pour concevoir des engins militaires. Utilisait-il cette œuvre pour montrer le véritable visage de la guerre ?

– À toi de découvrir ce qu'il y a dans ce tableau, finit par dire le maître.

Soudain la scène que j'avais vécue à Perela me revint en mémoire : l'horrible spectacle du corps mutilé du capitaine Dell'Orte, l'odeur de sang versé, le bourdonnement des mouches sur les cadavres. Je revis l'empreinte des sabots des chevaux dans les flaques de sang.

Chacun regarderait cette fresque en fonction de sa propre expérience.

– Ah, maître Zoroastre ! Bonjour à vous.

Nous nous retournâmes, surpris. Messire de Vinci nous avait rejoints à l'étage et s'adressait à nous sur un ton enjoué :

– Bonjour à vous tous. Chacun est prêt à se mettre au travail ?

On le salua chaleureusement.

– Et toi, Matteo. Tu vas bien ?

– Oui, maître.

– Alors nous pouvons y aller.

Zoroastre me jeta un coup d'œil.

– Il fait très sombre, hasardai-je, la lumière n'est pas bonne.

– Je sais. Le ciel était couvert au-dessus des collines de Fiesole et j'ai vu l'Arno en crue.

– Peut-être devrions-nous attendre ? suggérai-je.

– Non, certainement pas, répondit-il en retirant son bonnet pour le poser sur un banc. En cas d'orage, la lumière sera encore moins bonne.

On était en juin et il aurait dû faire très clair à cette heure de la journée. Le temps n'était pas ensoleillé, bien que très chaud déjà ; il faisait assez lourd.

– Mais avec cette lumière, nous allons avoir du mal à apprécier les couleurs…

– J'ai hâte de commencer, m'interrompit-il brusquement.

– Mais…

– Tais-toi, Matteo, je t'en prie.

Zoroastre et moi, nous échangeâmes des regards désespérés.

Tout le monde se rassembla devant la partie centrale de la fresque ; en cet instant solennel, nous bûmes à la santé du maître.

Il faisait de plus en plus sombre. On attendit.

– Nous avons besoin de plus de lumière en effet, risqua quelqu'un.

– Qu'on apporte des lanternes et des bougies alors, ordonna le maître.

Zoroastre se mordit la lèvre. Comme moi, il avait envie de crier au maître : « Arrêtez ! Tenez compte de cet avertissement. » Mais en ami fidèle, il se garda de dire ouvertement ce qu'il pensait, pour ne pas avoir l'air de le critiquer devant les autres.

J'allai chercher des lanternes et des bougies ; j'en allumai quelques-unes, puis je me plaçai près du maître.

Il prit un pinceau et le trempa dans la peinture qu'on avait préparée selon ses indications. Il avait choisi un gris sombre, la couleur de la boue et de la mort.

– Alors, commença-t-il en levant son verre. Vous avez beaucoup œuvré depuis un an, vous m'avez aidé à terminer les cartons et à transférer cette scène centrale sur le mur. Nous avons encore de nombreux mois de travail devant nous. Mais pour l'heure, réjouissons-nous de cet instant.

Le vent se leva. Il semblait provenir de la rivière. Il souffla à travers le Palazzo della Signoria, faisant trembler les vitres.

Mon maître hésita. Zoroastre fronça les sourcils. Il joignit les mains sur sa poitrine mais demeura silencieux.

On entendit un fracas, comme si une branche d'arbre ou une tuile avait cassé une vitre. On regarda en l'air. Le vent hurlait. Puis, brusquement, une fenêtre de la salle s'ouvrit. Les flammes des bougies vacillèrent et s'éteignirent comme mouchées par une main invisible.

Les cloches de la ville se mirent à sonner.

– Il vaudrait mieux renoncer, murmura Zoroastre.

Le maître fit celui qui n'avait pas entendu.

Le tocsin[1] retentit. Les gens se rassemblaient sous les porches à l'abri des bâtiments. Près de la rivière, les blanchisseuses ramassaient leur linge. Du côté de Santa Croce, les foulons[2] suspendaient leur

1. Sonnerie des cloches pour donner l'alarme.
2. Ouvriers qui travaillent au foulage, opération qui consiste à apprêter du tissu ou du cuir en le foulant (avec les pieds).

activité et se précipitaient pour refermer les cuves de colorants en train de bouillir. Les femmes dans les quartiers pauvres de la ville basse prenaient leurs enfants pour les mettre à l'abri. Les Florentins savaient que le courant de l'Arno en crue était capable d'arracher un bébé des bras de sa mère.

Le vent redoubla. La fenêtre finit par céder.

– Que les Saints nous protègent ! s'exclama Flavio Volci.

Le vent s'engouffra dans la pièce en tourbillonnant. La bourrasque fit voler les cendres dans la cheminée et ouvrit brusquement une porte.

Le carton commençait à se détacher du mur. Le maître poussa un grand cri, laissa tomber son pinceau et son verre lui échappa. En voulant le ramasser, je heurtai le banc et fis basculer une cruche d'eau posée dessus. Zoroastre tenta de la rattraper mais elle se brisa. Il se mit à gémir :

– Si le pot se brise
Et si l'eau se perd,
Va vite en quérir
Pour que malheur n'arrive.

J'avais souvent entendu ma grand-mère réciter ces phrases. On devait se livrer à un certain rituel pour montrer qu'on ne gaspillait pas ce que la nature nous avait si généreusement donné, en particulier l'eau. Sans elle, la vie n'est pas possible. Zoroastre et moi, nous nous ruâmes pour en récupérer un peu dans nos mains. Mais un des apprentis l'avait déjà essuyée. Zoroastre leva les bras au ciel. Je tombai à genoux. Je voulus en ramasser un peu, en boire pour montrer mon respect envers cette eau répandue, hélas il n'en restait plus une seule goutte.

Quelqu'un grimpa sur l'échafaudage pour barricader la fenêtre, un autre referma la porte. Le maître et Flavio remirent le carton en place.

– C'est seulement de l'eau renversée, s'irrita le maître. Ce n'est pas de l'or.

– L'eau est un bien plus précieux que l'or, affirma calmement Zoroastre.

– La cruche s'est cassée et l'eau s'est répandue, répétai-je. Et nous n'avons pas pu en récupérer.

– Et cela signifie quoi ? demanda le maître.

– Je ne travaillerai pas ici aujourd'hui, déclara Zoroastre.

Il était si étrange, ce petit homme qui s'appelait en réalité Tomaso Masini et on s'était habitués à ses manières originales ; on l'ignorait donc la plupart du temps. Mais ce jour-là, on tint compte de ce qu'il disait.

– Je retourne à ma forge. Viens m'aider, Matteo.

Je m'apprêtais à le suivre, lorsque je m'aperçus que mon maître était en colère.

On parlait à voix basse. Chacun semblait troublé par la manifestation de tous ces signes. Dehors, il s'était mis à pleuvoir très fort, on entendait la pluie marteler les toits.

De très mauvaise humeur, le maître refusait de se laisser convaincre.

– Reste ici, Matteo ! commanda-t-il d'un ton sévère. Vous, Zoroastre, vous êtes libre de faire ce que vous voulez, mais ce garçon est mon serviteur et doit m'obéir.

Zoroastre commença à s'énerver.

– Je vais quand même rester avec vous, se résigna-t-il. Je n'arrive pas à vous faire changer d'avis mais je ne vous abandonnerai pas. Je ne vous laisserai pas seul. Nous sommes liés dans la vie… et dans la mort. Les dés sont jetés.

Puis il ajouta d'une voix tremblante d'émotion :

– Nos destins sont à ce point confondus que nul ne pourra les séparer.

CHAPITRE 34

Quelques semaines s'écoulèrent. Après un début malheureux, le travail sur la fresque avait repris. Nous nous étions sans doute inquiétés à tort, Zoroastre et moi. Jour après jour, sous la conduite du maître, on voyait le projet évoluer sous nos yeux, tel un spectacle vivant. Les chevaux et les cavaliers émergeaient de leurs contours à peine esquissés. J'imaginais la sueur sur leurs corps, les gémissements et les cris de la bataille. À un endroit, le maître avait représenté de la fumée, aucun peintre ne s'y était jamais risqué, du fait de la difficulté à rendre la perspective[1].

Pendant tout cet été humide et chaud, à peine arrivés, nous nous mettions au travail. Certaines de mes tâches étaient répétitives mais cela n'avait pas d'importance. Je n'avais aucune aptitude pour tenir un pinceau. Malgré mes douze ans, j'étais petit et frêle. Aussi pouvais-je grimper rapidement sur

1. la perspective est vraiment créée à la Renaissance, notamment par Léonard de Vinci.

l'échafaudage, monter et descendre pour apporter aux ouvriers ce dont ils avaient besoin : la petite tige pointue servant aux peintres pour trouer le carton, les sacs de poussière de charbon de bois utilisée pour faire apparaître le dessin. Je remplissais ces sacs une douzaine de fois par jour.

Le soir, après avoir travaillé dans la chaleur, j'étais épuisé ; et pourtant, je ne me lassais pas d'admirer la fresque, elle me fascinait. Je trouvais toujours du temps pour la contempler ; ce jour-là, je restai pour étudier le dernier détail peint par le maître.

Comment s'appelait cet homme en train de mourir de façon si pitoyable, seul et ignoré de ses camarades ? Avait-il une femme, des enfants ? Et l'autre, le plus jeune, était-il venu pour éprouver l'ivresse du combat, ou bien, comme Paolo Dell'Orte, cherchait-il à se venger ? Les avait-on appelés à prendre les armes ? Quel discours avait fait naître en eux l'envie de se battre ? Était-ce pour de l'argent ou pour un idéal ? Les chefs font la guerre pour diverses raisons : conquérir des territoires, amasser des richesses ou se couvrir de gloire. Mais pourquoi ces simples soldats s'étaient-ils engagés ?

– Matteo, je voudrais te parler. Matteo !

Je sursautai. J'étais tellement perdu dans mes réflexions que je n'avais pas entendu le maître arriver.

Dans un geste d'affection, il passa sa main dans mes cheveux.

– Quelles idées peuvent bien trotter dans cette tête ? me demanda-t-il.

Je me contentai de répondre par un haussement d'épaules.

– J'étais en train de penser aux personnages de la fresque. Qui sont-ils ?

– Ce sont des soldats florentins.

– Comment s'appellent-ils ?

– Tu veux savoir leur nom ?

– Oui, celui-là, l'homme allongé par terre. Va-t-il survivre ?

Le maître s'approcha du mur pour examiner le soldat tombé.

– J'en doute. Comme souvent dans une bataille, il va mourir des suites de ses blessures.

– Il me semble résigné, observai-je. Il n'a plus envie de vivre.

– Pourquoi dis-tu cela ? me lança le maître, agacé.

– Sans doute n'a-t-il pas de famille ? Personne n'aura de peine s'il ne revient pas.

– Ce serait vraiment triste, déclara mon maître, si nul ne se souciait de savoir si on est mort ou vivant.

– Alors que… (Je montrai du doigt, au centre du tableau, l'un des personnages qui, levant son bras droit, voulait pourfendre son adversaire.) Celui-ci recherche la renommée et se moque bien de mourir. Peut-être même préférerait-il mourir pour que son nom continue de vivre dans la mémoire des gens.

– Des hommes comme lui existent, assurément.

– On raconte qu'Achille, le plus beau et le plus vaillant de tous les héros de la Grèce antique, était de ceux-là. On lui avait prédit que s'il prenait part à la guerre de Troie, il mourrait, ses exploits seraient chantés et son histoire célébrée à tout jamais. S'il restait dans sa patrie, il vivrait longtemps, mais ignoré de tous. Il choisit d'accompagner Ulysse et de se battre pour sauver Hélène. Il tua le vaillant Hector devant les murs de Troie et il fut tué à son tour par Pâris. Et le nom d'Achille est resté dans les mémoires. Cet homme pense-t-il à cela ? S'il s'empare de l'étendard, son nom aussi vivra pour toujours.

– Un tableau suscite autant d'interprétations qu'il y a de personnes à le regarder ; il saisit un instant privilégié de l'histoire évoquée, déclara le maître.

– Ce qui m'intéresse de savoir est ce qui arrive avant et après le moment représenté.

– Ah ! Tu veux parler du récit de la bataille d'Anghiari. En fait, il existe plusieurs versions de ce combat entre Florentins et Milanais. Tout dépend du narrateur. Pour les Florentins, cet événement constitue une grande victoire au cours de laquelle l'ennemi fut mis en pièces. Or, à en croire mon ami Nicolas Machiavel, seul un cavalier mourut. Son cheval eut peur d'un serpent, l'animal se cabra, le cavalier tomba, sa tête heurta une pierre et il se tua. Mais messire Machiavel manie l'ironie et il se pourrait que ce soit sa façon d'interpréter cet événement.

– J'aimerais savoir ce qui advient par la suite à chacun des personnages, demandai-je.

– Tu es vraiment quelqu'un de très intelligent, Matteo. Mais je voulais t'entretenir d'autre chose. Viens ici, nous allons parler tous les deux.

Il m'emmena au milieu de la salle et il commença :

– Te souviens-tu du premier automne qui a suivi ton arrivée à Florence, lorsque tu es revenu vivre avec nous ?

Je m'en souvenais. C'était en 1503, au début de l'été. Après avoir quitté le couvent de Melte et marché des semaines à travers la montagne, j'étais revenu à Florence. J'appris alors que Léonard de Vinci n'y était pas. Il serait de retour vers le mois d'octobre car il devait installer un nouvel atelier pour commencer la fresque commandée par Pier Soderini et le Conseil de la ville.

Les nuits étaient douces et je dormais à la belle étoile. J'avais trouvé sur les berges de l'Arno un endroit abrité et j'en avais fait mon repaire.

Vers la fin août, j'appris que le pape Alexandre Borgia venait de mourir à Rome. Il était tombé gravement malade après avoir dîné et avait succombé. Une vague de chaleur s'était abattue cet été-là sur l'Italie et des nuées d'insectes transmettant des fièvres avaient envahi Rome. Pourtant, la plupart des gens pensaient qu'il avait été empoisonné. Sa mort avait été des plus atroces, mais elle correspondait bien à la manière dont il avait vécu.

L'Église traversa une période de troubles ; un nouveau pape finit par être élu, sous le nom de Jules. C'était un guerrier et il n'admettait pas d'avoir comme rival César Borgia. Aussi releva-t-il le Valentin de son commandement des armées papales afin d'en prendre lui-même la tête. Il refusa aussi de reconnaître le titre de prince de Romagne que Borgia s'était octroyé et il exigea que les cités dont César s'était rendu maître repassent sous l'autorité papale. Le Valentin, craignant pour sa vie, se réfugia en Espagne. Je fus soulagé d'apprendre ce revers de fortune de Borgia, Sandino ayant l'intention de lui vendre le sceau des Médicis.

Je l'ignorais lorsque Sandino m'avait chargé de rencontrer à Ferrare le père Albieri. Ce prêtre connaissait l'emplacement d'un coffre renfermant un objet convoité par Sandino. Je devais en crocheter la serrure, commettre mon larcin et le refermer à clef pour ne pas éveiller les soupçons. J'accomplis ma mission sans difficulté. Il s'agissait du sceau des

Médicis, me confia le prêtre, et il voulut absolument que je le porte sur moi. Il le plaça dans une aumônière en cuir fixée à une ceinture qu'il attacha autour de ma taille. Il se sentait sans doute coupable d'avoir incité un enfant à voler car il insista pour me donner l'absolution et me bénir, avant de nous rendre ensemble au rendez-vous fixé par Sandino.

Prêtre insensé ! Il aurait bien dû se confesser car il allait bientôt rencontrer son Créateur. Mais ni lui ni moi ne pouvions supposer que Sandino s'apprêtait à nous trahir.

Sandino nous salua. Le prêtre parla le premier :

– Je vous ai apporté ce que vous cherchiez.

Sandino arborait un large sourire. Se tournant vers l'un de ses hommes, il lança :

– Maintenant, nous sommes riches ! César Borgia va nous donner un bon prix pour avoir le sceau des Médicis.

– Borgia !

Le père Albieri eut un mouvement de recul.

– Vous disiez être au service des Médicis, c'est la raison pour laquelle j'ai accepté de vous aider.

– Je sais, siffla Sandino entre ses dents. Si je vous avais révélé la vérité, je n'aurais pas à l'heure présente un tel trésor entre les mains.

Puis il tua le père Albieri d'un coup de gourdin. Il m'en aurait fait autant si je n'avais pas réussi à m'échapper.

Je ne comprenais pas pourquoi Sandino avait voulu nous tuer. D'abord, j'avais cru qu'il refusait de partager la récompense avec nous, puis j'avais pensé qu'il n'était pas sûr de pouvoir compter sur notre silence. Plus tard seulement j'avais compris que le sceau des Médicis valait plus que son seul pesant d'or ; il pouvait être utilisé pour signer divers documents, comme si les Médicis eux-mêmes s'en étaient servi. Ainsi Borgia aurait-il obtenu des prêts, falsifié des actes, encouragé bon nombre de complots et rejeté la responsabilité sur la maison des Médicis. Mais César Borgia avait dû quitter l'Italie et, une année entière s'étant écoulée depuis le vol du sceau, j'étais sûr que Sandino me laisserait tranquille.

Le nouveau pape s'opposant au retour de César Borgia, il m'était désormais loisible de me montrer en public. Je trouvai près de la place du marché des livraisons à faire pour un denier ou deux et un peu de nourriture. Grâce à ma précédente expérience avec ma grand-mère, je retenais facilement les noms et les adresses des clients.

Je flânais un jour dans les rues, attendant du travail quand je sentis une main se poser sur mon épaule. C'était Felipe, venu faire des provisions pour Léonard de Vinci de retour à Florence. Il m'apprit que le maître avait recouvré ses esprits après avoir quitté le service des Borgia et qu'il s'était remis à peindre. Il m'avait ramené au monastère de Santa Maria Novella où ils s'étaient installés.

– Je vous remercie de m'avoir repris à votre service, maître.

Il s'était assis sur un tabouret près de l'établi de Zoroastre, assez loin pour qu'on ne nous entende pas.

– Inutile de me remercier, Matteo, je te demande simplement de te rappeler les circonstances de ton retour parmi nous. Te souviens-tu de l'automne 1503 à Santa Maria Novella ?

– Oui, très bien.

Je me souvenais d'avoir vu avec beaucoup d'intérêt le maître installer son atelier. Je me rappelais la vive émotion qui s'était emparée des membres de son équipe quand on lui avait commandé la fresque. Il était certain de percevoir des revenus réguliers pendant quelques années et d'avoir l'occasion de participer à une magnifique entreprise. J'avais fait la connaissance de Zoroastre à ce moment-là. Il avait monté sa forge dans une aile du monastère et, pendant tous ces mois d'hiver, nous avions œuvré ensemble pour mettre en route le chantier.

– Pourquoi cette question ?

– Parce que, voilà presque deux ans, Mona Lisa*, la femme d'un marchand, venait d'accoucher d'un bébé mort-né. J'aimerais que tu te souviennes de Zita, sa servante.

Zita était une femme d'un certain âge. Elle s'occupait des enfants de Mona Lisa et de l'enfant que son mari avait eu d'un précédent mariage. Nous l'avions rencontrée la première fois au monastère de Santa Maria Novella où elle était venue, accompagnée de ses deux jeunes garçons, rendre visite à son frère moine. Ces enfants aimaient regarder Zoroastre travailler à sa forge.

– Zita nous avait raconté que le bébé de Mona Lisa était mort-né parce qu'un gros crapaud était passé devant elle alors qu'elle se rendait à l'église le jour de la Toussaint; comme il ne se déplaçait pas, elle avait dû l'enjamber et, disait-elle, à cause de cela, le bébé que Mona Lisa portait avait cessé de vivre. Aussi voulut-elle nous faire croire que le crapaud avait provoqué la mort du bébé. Le crois-tu ?

J'hésitai à répondre.

– Le crois-tu vraiment ? insista-t-il.

– Cela ne me paraît pas vraisemblable, hasardai-je sans enthousiasme.

– Réponds par oui ou par non, Matteo.

– Non, mais...

– Oui ou non ?

Je refusai de prendre parti.

– Il y a là matière à réflexion, Matteo. Réfléchis un instant : un crapaud se trouve sur le chemin emprunté par une femme enceinte. Comment peut-il être la cause éventuelle de la mort de l'enfant qu'elle porte ?

– Ma grand-mère disait que les croyances anciennes ont un fond de vérité.

– Et elle avait tout à fait raison. Si une femme enceinte mange une grenouille ou un crapaud, il se peut que ce soit nocif pour elle ou pour l'enfant qu'elle porte. Il y a certaines choses que l'on ne doit pas manger et qui sont particulièrement dangereuses pour les femmes enceintes. Toi-même, quand tu as empêché Graziano de mâcher de la fausse menthe, tu lui as épargné d'avoir mal au ventre toute sa vie, tu le sais bien. Et il est possible que le fait de manger un crapaud ou même de le toucher provoque une infection préjudiciable pour le bébé à naître. Voilà le fond de l'histoire.

– Eh bien ! remarquai-je. Je vois que vous n'êtes pas très sûr de vous !

Il fronça les sourcils.

– Ah bon ?

– Oui, vraiment. Vous venez de dire : il est possible que le crapaud soit responsable de cette mésaventure.

– Diable de garçon, tu es vraiment pénible ! s'exclama-t-il.

Je le regardai, inquiet, mais il éclata de rire. Il prit ma tête entre ses mains.

– Matteo, écoute-moi bien. Quelque chose a provoqué la mort de l'enfant. C'est commode d'en rejeter la responsabilité sur autre chose. Ce qui veut dire qu'il n'y a pas de coupable. Ce n'est pas la faute du père qui a engendré l'enfant, ni de la mère qui le portait, ni des servantes qui préparaient ses repas, ni de sa bonne, ni de la sage-femme qui la suivait, ni du médecin qui a été appelé à son chevet. Ils sont tous innocentés parce que c'est la faute du crapaud. Tu comprends comme c'est pratique ? En accusant le crapaud, on n'a pas besoin de rechercher la véritable cause.

Il attendit que je parle.

– Que peux-tu en déduire, Matteo ?

– Je ne sais pas.

– Laisse-moi t'aider. Cette histoire risque de se renouveler, peut-être pas avec un crapaud mais avec autre chose. Et alors…

Le maître semblait attendre une réponse.

– Cela se reproduira encore, parvins-je à lui dire, et on ne découvrira pas la véritable raison de la mort de l'enfant.

– Et quel est l'avantage d'en trouver la cause réelle ?

Il me forçait à poursuivre.

– Empêcher que cela recommence.

Il me regarda d'un air approbateur.

– Bien vu, Matteo. Maintenant, approche-toi.

Il me montrait quelque chose. Comme dans beaucoup d'autres circonstances, il avait plusieurs idées en tête et ce n'était pas un hasard s'il me conduisait jusqu'à l'établi de Zoroastre. Il toucha les fils rouges qui pendaient à différents endroits du pressoir.

– À quoi cela sert-il ? À éloigner les crapauds ?

Je me sentis rougir.

– Est-ce bien raisonnable ? demanda-t-il. Dans quel but Zoroastre accroche-t-il ces fils de laine rouge, à ton avis ?

– C'est une ancienne croyance populaire, plus vieille que le monde, un symbole très efficace.

– Un symbole ?

– Oui.

– De quoi ?

– C'est en rapport avec le feu, d'où la couleur rouge. L'homme est parvenu à se protéger grâce au feu. Même l'Église enseigne que le feu éloigne les démons.

– En effet, acquiesça-t-il en riant. Alors si le feu est efficace pour chasser un démon comme Pier Soderini (il faisait allusion au président du Conseil de la ville, qui le pressait de finir la fresque), un brandon allumé serait plus utile. Mais un fil rouge ? Je ne crois pas que cela l'éloignerait, ou que cela empêcherait le vent de souffler moins fort ou la pluie de tomber. Tu comprends, non ?

Je baissai la tête.

– Matteo, réfléchis bien.

– Je réfléchis, répondis-je d'un ton brusque.

– Ta croyance repose sur la peur. La peur vient de l'ignorance et l'ignorance provient d'un manque d'instruction.

– Ma grand-mère m'a pourtant bien éduqué.

– Mais elle t'a appris seulement ce que tu avais besoin de savoir. Maintenant, ta vie a changé. Tu ne dois pas rester enfermé dans tes vieilles croyances, tu dois ouvrir ton esprit avant qu'il ne soit trop tard.

– Il y a des choses que les hommes n'arriveront jamais à comprendre, ni à expliquer.

– On peut tout expliquer.

– Pas tout.

– Tout.

– Il y a des choses que l'on ne comprendra jamais, affirmait le moine d'Averne.

Le maître se leva.

– Je suppose qu'il y a des choses que l'on ne comprend pas parce que nous n'avons pas encore développé les outils nécessaires. Il y a quelques années, nous étions incapables de regarder la lune de près. Aussi les hommes ont-ils inventé des légendes pour expliquer ce qu'ils voyaient mais ne comprenaient pas. Mais grâce aux miroirs et aux verres grossissants, nous voyons la surface de la lune plus distinctement. De ce fait, nous savons qu'il ne s'agit pas d'une déesse, de l'âme d'une belle femme, ni rien de tout cela. Ainsi, quand le moine prétend qu'il y a des choses que les hommes ne comprendront jamais, moi j'affirme : des choses que les hommes ne comprennent pas encore.

Il vit que je n'étais pas content.

– Cela n'a pas d'importance, reconnut-il avec douceur. Je voulais simplement en parler avec toi parce que tu ne sais pas lire. Je te vois tous les jours regarder la fresque ; elle représente des hommes qui se battent pour vivre libres. Crois-moi, la liberté n'a pas de valeur si l'esprit n'est pas libéré. Quelqu'un d'illettré est en proie à la superstition et peut être induit en erreur à cause de l'ignorance des autres.

– Cependant vous avez trouvé des erreurs dans les écrits anciens, même dans les plus sérieux. Vous-même, quand vous pratiquiez vos dissections, vous avez remarqué que vos observations ne correspondaient pas à ce que vous aviez lu.

– Tstt ! intervint-il d'un air irrité (et pendant un instant, je crus qu'il allait me gifler). Je suis en train de te répéter que si tu n'apprends pas à lire maintenant, tu n'apprendras jamais. Je n'arrive pas à comprendre pourquoi ta grand-mère ne t'a pas appris à lire, elle t'a pourtant enseigné beaucoup de choses. Elle a dû se rendre compte que tu as une très bonne mémoire et que tu as l'esprit vif.

– Peut-être qu'elle ne savait pas lire.

– Cela m'étonnerait. Tu m'as confié qu'elle avait ses propres formules pour préparer ses drogues. Elle était capable de les lire.

– Je sais qu'elle faisait grand cas de ses formules. Elle m'avait fait promettre qu'on ne les brûlerait pas, bien qu'elle ait eu du mal à les déchiffrer.

– Elle savait, je crois. Pourquoi ne t'a-t-elle pas appris à les lire ?

– Elle m'en a appris assez, répliquai-je sur la défensive.

– Pas autant qu'elle aurait dû. Tu m'as expliqué que tu connaissais les noms et les adresses de ses clients, seulement cela et rien de plus. Pourquoi n'a-t-elle pas voulu te faire lire l'*Iliade*, les *Fables* d'Ésope ou certains récits mythologiques et autres légendes ?

Je ne savais que répondre.

– Nous allons chercher les moyens de t'apprendre à lire.

– Non !

Je savais qu'un serviteur ne devait pas parler à son maître d'une façon aussi effrontée, mais je ne lui permettais pas de décider à ma place.

– Je ne veux pas. Les autres vont le savoir et je ne supporterai pas qu'ils se moquent de moi.

– Je sais que c'est gênant, mais je pense qu'il est très urgent de s'en occuper.

Il tira quelque chose de la poche intérieure de sa tunique et me le tendit.

– Il y avait cette lettre parmi toutes les choses arrivées ce matin. Elle t'est adressée. Tu en as déjà reçu. Que fais-tu de ces lettres ? Comment arrives-tu à les lire ?

Je ne lui répondis pas.

– Demandes-tu à quelqu'un de les déchiffrer pour toi, à Flavio peut-être ?

– Je ne demande à personne.

– Ce doit être très irritant pour toi de ne pas connaître leur contenu.

Mais je savais ce qu'elles contenaient, car j'avais trouvé quelqu'un pour m'en faire la lecture.

C'était le scribe gaucher.

CHAPITRE 35

Quand je reçus ma première lettre, j'eus à supporter sifflets et quolibets de la part des jeunes assistants du maître. Dans un atelier de peintre, on est habitué à ce genre de plaisanteries, mais un de ses élèves, nommé Salai, était particulièrement méchant. Il m'arracha la missive des mains et la renifla.

– Je suis sûr qu'elle sent le parfum, déclara-t-il.

– Rends-la-moi.

Je sentais la colère monter mais je m'efforçais de me contrôler pour ne pas l'encourager à continuer.

– C'est qui le méchant loup qui chasse les nuits sans lune, c'est notre petit Matteo, se moqua Salai, celui qui sort en douce en rasant les murs pour qu'on ne sache pas qui est le loup et qui est l'ombre.

– Moi aussi, j'ai remarqué que tu sors la nuit, confirma Flavio, faisant chorus. Où vas-tu donc, Matteo ?

De temps en temps en effet, j'accompagnais mon maître jusqu'à la morgue de l'hôpital voisin ; un médecin bienveillant l'avait autorisé à pratiquer des dissections mais il préférait qu'on n'en parle pas. Un magistrat peut autoriser un artiste à étudier l'anatomie sur un cadavre dans la mesure où l'intérêt d'une telle recherche est justifié, tel Michel-Ange, quand il sculptait le marbre représentant David. Mon maître, lui, n'étudiait pas les rapports entre les tissus et les muscles uniquement pour parfaire son art et il craignait qu'on s'en aperçoive. Quand on examinait ses dessins d'anatomie, on se demandait quel était vraiment son but ; et il ne voulait pas s'exposer aux ragots ni à la critique de gens mal intentionnés. N'ayant pas de protecteur influent, il était essentiel pour lui de garder ses travaux secrets.

Salai n'ignorait pas ces sorties nocturnes. Il avait lui-même accompagné le maître, mais supporter de longues heures d'attente l'ennuyait ; de plus, il avait tendance à fréquenter les tavernes, où il parlait trop. Aussi mon maître m'avait-il préféré car il connaissait ma discrétion. Salai continua donc de me faire enrager, sachant que je me tairais. Il brandit ma lettre à bout de bras.

– Saute, me nargua-t-il.

Comme Salai levait les bras encore plus haut pour m'empêcher d'attraper la lettre, je lui balançai un coup de pied dans le bas-ventre. Il s'écroula, hurlant de douleur, les mains serrées entre les cuisses. Je lui arrachai l'enveloppe et sortis à toute allure de l'atelier. Je m'étais fait un ennemi mais j'avais ma lettre. C'était la première. Naturellement, j'étais incapable de la lire. Mais j'avais reconnu le nom au bas de la missive : il s'agissait d'Elisabetta. Je gardais en permanence sur moi ce précieux courrier. Salai devait m'épier et je savais qu'il me le reprendrait à la première occasion.

Nous étions en janvier, juste avant la fête de l'Épiphanie ; à cette occasion, les maîtres offrent des présents à leurs serviteurs. Aussi avais-je demandé une bourse, que j'attacherais à ma ceinture pour y mettre le peu d'argent que j'avais, ou quelque chose d'autre. J'attendis à peu près un mois avant de rencontrer quelqu'un capable de lire ma lettre. C'était le scribe gaucher. Il s'était donné ce qualificatif, en partie parce qu'il écrivait de la main gauche ; ce qui avait attiré mon attention.

J'étais à Florence depuis à peu près un an et, ce jour-là, je me promenais sur l'autre rive de l'Arno. Je venais de Santo Spirito et j'allais vers Ponte Vecchio. Je l'aperçus au pied d'une tour, peu avant le pont. Il était assis dans une petite niche, bien placé pour attirer la clientèle de passage. Il avait assez de place pour installer, sur ses genoux, la boîte contenant son matériel et sur laquelle il s'appuyait pour écrire. Je remarquai qu'il tenait sa plume de la main gauche, mais il n'écrivait pas de droite à gauche comme le faisait le maître. Cet écrivain public se servait de sa main incurvée en forme de crochet et sa feuille de papier était placée obliquement devant lui. Je m'arrêtai un instant pour le regarder. C'était un vieil homme aux cheveux blancs. Je continuai mon chemin mais, brusquement, je me souvins de la lettre d'Elisabetta rangée dans le sac accroché à ma ceinture. Une pensée me traversa l'esprit. Je fis demi-tour et l'observai de loin en train d'écrire, la tête penchée. Au bout d'une minute, je m'approchai.

– Oh là ! l'interpellai-je. Je vois que vous avez une belle écriture, mais savez-vous lire ?

– Manifestement, toi mon garçon, tu ne sais pas, répondit-il. Sinon, tu aurais vu ce qui est écrit sur mon enseigne (il montrait du doigt une feuille de papier épinglée au mur au-dessus de sa tête) : *Lecture et Écriture – Travail soigné, Discrétion assurée – Sinistro, le scribe gaucher*.

– Le scribe gaucher, répétai-je. Comment avez-vous trouvé ce nom ? Je vois bien que vous êtes gaucher, mais en florentin, si on emploie *sinistro* pour désigner la gauche, pour gaucher, on dit *mancino*.

Il me considéra avec intérêt.

– Voilà un garçon qui ne sait pas lire et pourtant il apprécie les subtilités du langage, observa-t-il. Comment t'appelles-tu ?

– Matteo.

– Si tu étais plus perspicace, Matteo, tu remarquerais que je suis installé sur le côté gauche de cette tour, elle-même située sur la rive gauche.

Je regardai tout autour de moi et constatai qu'il avait dit vrai.

– Cela m'amuse, poursuivit-il. Quand on a quelque chose à vendre, il est bon d'avoir un nom qui vous distingue des autres.

– Je vois, répondis-je.

– Et moi, qu'est-ce que je vois ?

Il m'examina attentivement.

– Je vois un garçon, un serviteur, même, je parierais, à en juger l'état de tes sandales usées à force de marcher. Un garçon qui porte une bourse en cuir de bonne qualité attachée à sa ceinture, vraisemblablement un cadeau de son maître, à l'occasion de l'Épiphanie. Et je remarque aussi que ce garçon a toujours la main posée sur cette bourse pendant qu'il me parle. Humm…

Il caressait sa barbe d'un geste théâtral.

– Il n'y a pas que de l'argent dans cette bourse-là, me dit mon petit doigt. Je crois même que c'est une lettre que tu as là, maître Matteo.

Je croisai les bras et ne lui répondis pas.

– Ah ! Ah ! s'écria-t-il d'un air triomphant. J'ai réussi mon coup ! Rien n'échappe au scribe gaucher.

Le vieil homme était si content de lui que je ne pus m'empêcher de rire.

– De plus, ajouta-t-il, je garantis même que c'est une fille qui l'a écrite et tu ne veux pas avouer à tes amis ta difficulté à la déchiffrer.

Il tendit la main.

– Donne-moi un florin et je vais te la lire.

– Un florin ! m'exclamai-je, horrifié. Je n'ai jamais possédé un florin de ma vie.

– Bon, un demi-florin, alors, dit-il à contrecœur. Mais je suis étonné que tu veuilles escroquer un vieil homme de cette manière.

– Un demi-florin ! Mais cela représente une semaine de salaire pour un artisan, répliquai-je.

Puis, poussant la comparaison, j'ajoutai :

– Brunelleschi, qui a construit le dôme de Santa Maria del Fiore, n'a pas été payé à un tel tarif.

– Mais ne suis-je pas aussi méritant que tous ces artisans-là ? demanda le scribe. Moi qui fus formé au monastère de Saint-Benoît par le vénérable frère Anselme ? Celui-là même dont le scriptorium[1] est renommé à travers toute la chrétienté pour la beauté de ses manuscrits. La qualité de ma calligraphie me place juste derrière lui.

– Vos talents de copiste ont peu de valeur pour moi, scribe. Seul votre don pour la lecture m'intéresse. Cela doit valoir moins cher ?

– Je ne mérite pas d'être payé comme n'importe quel artiste de cette cité ?

– Un demi-florin ? Pour deux minutes de travail ? Même mon maître n'est pas payé à ce tarif.

1. Atelier de copie et d'écriture se trouvant dans les monastères ayant permis la diffusion de l'écrit avant l'invention de l'imprimerie.

– Et qui est ton maître pour se contenter de si peu ?

– Léonard de Vinci.

– Vantard ! Menteur ! J'ai peine à croire que le divin Léonard puisse avoir un garçon illettré à son service.

Je rougis et tournai les talons.

Le scribe essaya de me retenir de sa main noueuse.

– Tut, tut, garçon. Ne prends pas la mouche. Il n'est pas donné à tout le monde de savoir lire et écrire, autrement comment ferais-je pour gagner ma vie ? Voyons ta lettre. Si elle n'est pas trop longue, je te ferai un prix.

J'hésitai, mais je finis par sortir le courrier d'Elisabetta de ma bourse.

– À peine une page. Pourquoi ne me l'as-tu pas dit ?

Il fixa ma bourse d'un air interrogateur.

– Combien d'argent as-tu en tout ?

Je sortis une pièce d'un denier et la lui tendis.

– C'est tout ce que j'ai.

– Il me semble pourtant que j'ai entendu tinter quelque chose là-dedans.

– C'est à prendre ou à laisser.

Je fis mine de replacer la lettre et la pièce dans ma bourse.

– D'accord, d'accord, concéda-t-il. Ce soir, je mourrai de faim pendant que toi, sans aucun doute, une fois rentré chez ton maître, tu vas t'enfiler un repas de roi.

Il se mit à lire ma lettre en ronchonnant.

Et ainsi naquit notre amitié.

Du fait de sa situation près du pont, le scribe voyait ce qui se passait dans la cité et entendait nombre de commérages et d'anecdotes. Son intelligence était vive et il possédait un sens aigu de la politique. Grâce à lui, je connaissais toutes les nouvelles. J'eus de nouveau recours à ses services car je reçus vers la fin de l'année une autre missive d'Elisabetta.

Toutefois, j'avais pris l'habitude de lui rendre visite plusieurs fois par mois simplement pour lui parler. Je faisais les courses pour l'atelier car je connaissais la plupart des rues de la ville. Mon maître se rendait régulièrement à la chapelle Brancacci sur l'autre rive de l'Arno, pour en étudier les fresques. Je devais l'accompagner et rapporter à l'atelier la sacoche contenant les dessins qu'il avait réalisés. Il faisait grand cas de ces fresques, mais les visages terrifiés d'Adam et Ève chassés du Paradis m'empêchaient de dormir. À l'occasion de ces sorties, j'allais souvent flâner vers le Ponte Vecchio pour bavarder avec le scribe. Puis je revenais en courant récupérer la sacoche au moment où mon maître quittait l'église des Carmélites.

Le scribe n'avait généralement pas beaucoup de clients et les gens susceptibles de recourir à ses services étaient superstitieux. Quand ils s'apercevaient qu'il était gaucher, ils le fuyaient. Mais les jours où l'on fêtait un saint important, il réussissait à vendre des quantités de petits carrés de papier sur lesquels il avait dessiné le saint en question et recopié une prière.

Ce soir-là, après avoir quitté le maître, je me rendis chez le scribe pour qu'il me lise la quatrième lettre d'Elisabetta. C'était dans les derniers jours de juin, la veille de la Saint-Pierre, le fondateur de l'Église chrétienne et le premier pape de la chrétienté. La Bible enseigne que le Christ a changé le nom de Simon, le premier de ses disciples, en celui de Pierre en disant : « Tu es Pierre et sur cette pierre, je bâtirai mon Église. » Puis le Christ avait ajouté : « Je te donne les clefs du Royaume des cieux. » Aussi, en vue de la fête du lendemain, le scribe avait-il déjà préparé des cartes avec saint Pierre sommairement représenté, tenant un trousseau de clefs dans ses mains. Il avait écrit en dessous une ligne ou deux de texte. Une demi-douzaine de ces cartes étaient pendues au mur.

En arrivant au pont, je le vis penché sur sa boîte. Il levait la tête de temps en temps et criait :

– Une prière de la bouche même de saint Pierre. Regardez ! Il tient dans ses mains les clefs du Royaume des cieux. Accrochez cette carte au-dessus du lit d'un mourant et saint Pierre lui ouvrira les portes du Ciel. Il laissera l'âme de votre défunt bien-aimé entrer au Paradis. Seulement un quart de denier l'une !

Dès qu'il me vit, il abandonna son travail.

– Alors, avez-vous terminé la fresque ? demanda-t-il en m'accueillant, tout en essuyant le bout de sa plume sur sa manche.

Dans l'atelier du maître, on avait pour consigne de ne pas en parler. Mais j'en étais tellement fier qu'il m'était difficile de ne pas lui répondre.

– C'est une œuvre d'une telle splendeur qu'on devra se bousculer pour venir la voir.

En fait, je rapportais les paroles de Felipe, habituellement indifférent aux choses de l'art ; il se préoccupait surtout de savoir combien coûterait l'entretien de tant d'ouvriers sur un tel chantier. Et pourtant, comme les autres, il avait été bouleversé par cette peinture.

– De toutes les villes du monde civilisé, des artistes viendront à la salle du Conseil de Florence pour apprendre et étudier, déclarai-je avec orgueil.

– Surtout après l'accueil admirable réservé aux dessins de l'honorable Michel-Ange*, qui est en train de peindre sa fresque en face de celle de ton maître, remarqua le scribe en prenant un air innocent.

En fait, il cherchait à me provoquer ; je le connaissais mieux désormais et je ne voulus pas entrer dans son jeu. Je me contentai de sourire. Toute l'Italie savait que l'Assemblée de Florence souhaitait voir travailler ensemble les deux plus grands artistes du moment, Léonard de Vinci et Michel-Ange, dans la salle du Conseil. Léonard de Vinci peindrait la bataille d'Anghiari d'un côté, tandis que Michel-Ange représenterait celle de Cascina de l'autre. C'est du moins ce qu'avaient espéré Pier Soderini et ses conseillers, mais ils étaient déçus car le maître était parti, laissant Michel-Ange à ses dessins.

– Mon maître ne craint pas la comparaison, répondis-je. De toute façon, Michel-Ange est déjà à Rome. Il a été appelé par le pape Jules II afin d'entreprendre de grands travaux.

– Je ne suis pas étonné qu'il ait décidé d'y aller, constata le scribe. Si j'avais été plus jeune et en meilleure santé, j'aurais voulu y couler des jours paisibles. Les heures de la république de Florence* sont comptées, comme le sont les grains de chapelet d'une bonne sœur, avec l'élection du nouveau pape.

– L'ancien pape intriguait pour que Florence passe sous son autorité, observai-je. Pourtant il a échoué, même en plaçant César, son barbare de fils, à la tête de ses armées.

– Ce nouveau pape est lui-même un guerrier, objecta le scribe, prenant plaisir à la controverse.

Il remit sa plume dans la boîte et poursuivit :

– On rapporte que Michel-Ange, quand il fit le moulage de la statue du pape, voulut mettre un livre dans ses mains, mais Jules II exigea une épée.

– La république de Florence est puissante, répliquai-je.

– Certes, tant qu'elle aura de l'argent pour payer une armée.

– On voit plus de richesses à Florence que nulle part ailleurs.

Je l'avais vérifié par moi-même à Ferrare, à l'occasion du mariage de Lucrèce Borgia. J'y avais vu des bals somptueux et des fêtes magnifiques. Les gens de Ferrare avaient montré leur opulence, mais tout cela n'était rien, comparé à l'activité régnant à Florence.

– Cette ville est plus prospère qu'aucune autre, ajoutai-je, et pour se défendre, elle n'aura bientôt plus besoin de mercenaires. Elle aura sa propre armée.

Le scribe éclata de rire.

– Es-tu au courant du projet de Machiavel de créer une milice municipale ?

J'avais entendu mon maître en parler à Felipe.

– L'idée de messire Machiavel est très ingénieuse, répondis-je. Il veut créer une armée de citoyens, une milice constituée d'habitants de la ville prêts à défendre leur terre et leurs maisons, plus loyale qu'une troupe de mercenaires, toujours faciles à acheter et à vendre.

– Que préférerais-tu, Matteo ? Une armée de citoyens composée de fermiers et de bourgeois ? Ou une troupe commandée par un capitaine expérimenté ? Hein ? Des paysans armés de fourches ou des soldats de métier ?

– Une république puissante, voilà un noble projet.

– Un boulet de canon ne fera pas de différence entre un aristocrate et un coquin, rétorqua le scribe.

– Nous avons la protection de la France, la nation la plus puissante d'Europe. Et les Français sont tout près de Milan.

– Ce pape cherche à réunir l'Italie sous son autorité et il a besoin d'aide. Il fera exactement ce que Borgia a tenté de faire. Il agira sans détours et certainement avec plus de succès.

– Il n'arrivera pas à battre les Français.

– Je te dis qu'avec du renfort, il peut les battre. Il signe des traités, organise des coalitions pour isoler ses adversaires, il change d'alliés comme d'ennemis selon l'intérêt du moment. Face à ce dessein, cette république s'écroulera. Et alors quel intérêt d'avoir une fresque peinte à la gloire de la démocratie ?

Je n'avais pas de réponse. Comme les autres citoyens, j'étais capable d'en discuter chez le barbier ou dans la rue, mais les méandres de la politique embrouillaient mon esprit et m'empêchaient d'avoir les idées claires.

– Ne te rends-tu pas compte à quel point tout cela est dangereux, Matteo ? Florence s'imagine que son modèle de république durera des siècles et espère que les autres cités suivront son exemple. Mais les princes et les tyrans gouvernant ces États ne veulent pas voir de telles idées se propager.

– Mais le roi de France n'est-il pas l'allié du pape ?

Je n'en étais pas convaincu car je commençais à comprendre que les grandes puissances se servaient souvent de leurs alliés pour arriver à leurs fins. J'avais besoin de certitudes.

– Ils resteront alliés aussi longtemps que cela les arrangera. Une fois que ce pape aura affermi son pouvoir, il se retournera contre les Français et les chassera hors d'Italie. Qui viendra alors en aide à Florence ? Cette vaillante république sera bien seule, avec tous ces chacals autour d'elle.

– Florence a soutenu le pape. Les soldats florentins ont capturé Michelotto, l'écuyer de César Borgia, et l'ont transféré au Vatican afin qu'il soit jugé pour l'assassinat de Vitellozzo et des autres capitaines. Le pape Jules II est bien disposé envers la république de Florence.

– Il sera encore bien mieux disposé envers un roi dont il pourra acheter le silence plutôt qu'envers un groupe d'hommes libres résolus à défendre la démocratie. Quand la grande Assemblée sera chassée de Florence, ta fresque ne restera pas très longtemps sur son mur.

– Pourquoi ?

– Parce qu'on ne voudra pas rappeler les idéaux de la république d'une si brillante manière, dans un des plus grands espaces de la ville.

– Personne ne détruira jamais ce tableau !

Le scribe était fou de penser le contraire. Ou bien, plus vraisemblablement, voulait-il me faire marcher ?

– La fresque de messire de Vinci est une remarquable œuvre d'art.

– Elle ne peut rester là, Matteo, ne le vois-tu pas ? De toutes parts, des gens intelligents et cultivés vont venir s'en inspirer. Elle va enflammer leur imagination et les inciter à rêver d'une autre vie. Sa beauté et sa force font que précisément on voudra la faire disparaître.

– Qui ? demandai-je. Qui sont ces « on » dont vous parlez en ayant l'air si bien informé ? Qui viendra nous ôter la liberté ?

Il me regarda d'un air surpris.

– Eh bien, la famille qui jadis a régné sur Florence et qui peut très bien revenir, les Médicis*.

CHAPITRE 36

Chez Léonard de Vinci, les dîners n'étaient pas aussi copieux que le scribe l'avait laissé entendre. Après notre journée de travail, Felipe veillait à nous servir de bons repas. Souvent, mon maître ne restait pas avec nous. Il profitait de ce temps-là pour réfléchir à d'autres projets ou pour répondre aux nombreuses invitations qui lui étaient faites d'un peu partout. Il me demandait parfois de l'accompagner mais, ce soir-là, j'étais content de regagner ma chambre après dîner. Je voulais être seul pour revoir la nouvelle lettre que le scribe m'avait lue.

Felipe m'avait réservé une ancienne remise, dans les sous-sols du monastère de Santa Maria Novella, où le maître avait installé son atelier. Je savais que Salai se réjouissait de me voir dormir dans un endroit aussi modeste. Mais cela me convenait. Je préférais être loin des autres et pouvoir ainsi sortir avec mon maître à l'insu de tous. J'avais installé mon lit au bout de la pièce, près d'une fenêtre. Quand il faisait doux, je l'ouvrais et j'écoutais les bruits de la ville. Grâce au flambeau que le veilleur de nuit venait allumer chaque soir, je pouvais regarder mon courrier.

La lettre arrivée cette semaine-là était la quatrième. Je demandais au scribe de me les lire toutes plusieurs fois afin de bien les retenir. Je me les récitais souvent. À force, je reconnaissais certains mots et j'en comprenais la signification.

La première lettre d'Elisabetta était très courte, elle ne faisait que quelques lignes, écrites à la hâte.

Depuis la ferme de Taddeo Da Gradella, près de Milan :

Mon cher Matteo, mon frère et mon ami,

Nous sommes arrivés sans encombre chez mon oncle Taddeo. Nous avons reçu un accueil réservé, mais il nous a quand même préparé deux petites chambres. Je suis contente d'être ici en sécurité, autant qu'il est possible en cette période agitée.

J'espère que toi aussi tu es hors de danger et que tu te portes bien.

Ta sœur et ton amie,

Elisabetta

Je fus vraiment très heureux d'apprendre qu'Elisabetta et Paolo étaient bien arrivés. Ma réaction me surprit car, depuis des années, je m'efforçais de ne pas laisser paraître mes émotions. Mais avoir des nouvelles d'Elisabetta me réjouit tant que même Felipe le remarqua.

– Cette lettre t'a mis de bonne humeur, avait-il observé sèchement. Les élèves du maître ont vu juste, alors ? C'est une fille qui te l'a envoyée, n'est-ce pas ?

Je marmonnai une vague réponse et, pour ne plus être embêté, je résolus de guetter le passage du courrier. J'y consacrais plus de temps que je n'aurais voulu car nous recevions beaucoup de lettres adressées surtout à mon maître, provenant d'un peu partout en Europe : en particulier de la cour du roi de France, et même d'Isabelle d'Este, la marquise de Mantoue, qui insistait pour qu'il termine son portrait. J'arrivais à distinguer le nom de mon maître du mien. Ainsi je parvins à intercepter sans difficulté le deuxième mot d'Elisabetta. Je l'apportai aussitôt au scribe qui me le lut, pour un denier encore bien qu'il fût plus long.

Cher Matteo, mon frère et mon ami,

As-tu reçu ma première lettre ? Paolo et moi sommes toujours chez notre oncle. Paolo rechigne à accomplir les tâches qu'on lui demande, d'où des disputes. L'oncle Taddeo exige de nous beaucoup de travail en échange de son hospitalité, car lui-même est aussi sans arrêt à la tâche. Je fais la cuisine et m'occupe du ménage, mais depuis peu, me sachant capable d'écrire et de compter, il me fait tenir sa comptabilité. C'est un homme austère qui se consacre à la prière et pratique le jeûne ; il nous interdit de nous amuser et notre vie manque cruellement de charme. On rit peu ici et mon frère est bien triste. J'ai pensé un moment entrer au couvent, peut-être y serais-je plus heureuse. Je me souviens des nonnes de Melte ; elles étaient contentes de leur sort. Pourtant, je n'aimerais pas être enfermée toute ma vie, je ne pourrais plus jamais porter de jolie robe ni marcher les cheveux au vent. J'aimerais tant savoir comment tu vas, Matteo. Je crains que quelque malheur ne te soit arrivé.

Elisabetta

J'examinai de plus près la forme des caractères qui composaient son nom. Elle n'était pas heureuse, je le sentais. Autant la première lettre m'avait rempli de joie, autant j'étais abattu à la lecture de celle-ci.

La troisième avait suscité en moi une tout autre émotion.

Mon cher Matteo,

Le messager à qui je remets ces quelques lignes m'assure qu'elles te parviendront mais je n'ai aucun moyen de le vérifier. Je décide donc de les confier aux soins de Rossana. Puisque j'ignore s'il existe un saint qui veille sur le bon acheminement du courrier, je vais demander à ma chère sœur, qui, j'en suis sûre, est au Ciel avec les anges, d'intercéder pour qu'il parvienne à destination. Je pense souvent à elle et à toi aussi, Matteo. Je vais parfois m'asseoir à l'ombre d'un saule pour être tranquille. J'imagine qu'elle se trouve près de moi, alors je lui chuchote des secrets, comme je le faisais quand nous étions petites. Je n'ai pas de réponse, mais peut-être est-ce sa voix que j'entends dans le bruissement des feuilles. Je crois à la présence de son esprit à mes côtés. Je sais maintenant que notre enfance à Perela fut la période la plus heureuse de ma vie.

Je prie pour toi.
Ta sœur et ton amie,
Elisabetta

La quatrième et dernière lettre était celle que mon maître m'avait remise ce soir-là. Je l'avais portée au scribe à qui j'avais donné le reste de mon argent.

À Matteo, serviteur, aux bons soins de Léonard de Vinci, quelque part à proximité de Florence.

Cher Matteo,

Je t'écris une nouvelle fois même si mes précédentes tentatives sont restées sans réponse. Je me demande si je dois continuer de t'écrire. Si jamais tu reçois ce courrier, écris-moi un mot pour me dire que tu vas bien, j'en serai heureuse.

Je ne vais pas gaspiller l'argent et le papier de mon oncle pour t'en envoyer d'autres, à moins d'avoir des nouvelles de toi. Je crains que tu ne reçoives pas mes lettres, ou que tu ne souhaites pas que je t'écrive. Si je n'ai pas de réponse, je saurai alors que je ne dois plus le faire. Néanmoins, j'espère que tu recevras celle-ci et qu'elle te trouvera en bonne santé.

Elisabetta Dell'Orte, chez Taddeo Da Gradella, juin 1505.

J'eus le cœur lourd. Si je ne lui répondais pas, je n'aurais plus jamais de nouvelles d'elle. Elle croirait peut-être que j'étais mort ou que je ne souhaitais plus qu'elle m'écrive. Je regardai la lettre encore une fois. Reprenant au début, j'articulai en silence les phrases que j'avais retenues. Je comptai les mots jusqu'à Rossana. Je prononçai son nom à voix haute et suivis avec mon doigt le contour des lettres qui le composaient. Rossana. Mon souvenir demeurait associé à la sœur d'Elisabetta. Je me rappelai leurs rires et leurs chuchotements autant que le murmure de la rivière au pied de la forteresse de Perela. J'essuyai mes larmes.

Je voulais lui répondre. Mais je n'avais pas d'argent pour payer le scribe. Je ne percevais pas de salaire. Felipe avait un compte dans plusieurs boutiques de la ville et je pouvais utiliser ces services librement. Si j'avais besoin de me faire couper les cheveux ou si j'avais mal aux dents, j'allais chez le barbier qui envoyait sa note chez Léonard de Vinci. De même, s'il me fallait des chaussures ou des hauts-de-chausses, je me rendais chez le cordonnier ou chez le tailleur. Si j'étais malade, l'apothicaire me soignait. J'étais nourri et logé. On ne me donnait pas d'argent mais j'étais mieux traité que bien des serviteurs et les quelques deniers que j'avais gagnés auparavant, je les devais à la gentillesse d'un marchand de soie. Hélas ! Je les avais dépensés. Comment alors payer le scribe pour répondre à Elisabetta ?

Je passai mon doigt sur certaines lettres. Je trouvai le E d'Elisabetta et le M de Matteo. Je n'étais pas doué pour dessiner ou pour écrire. J'avais souvent regardé mon maître et j'avais admiré son adresse. Avec un fusain, je m'essayai un jour à l'imiter mais je dus brûler mon dessin tellement j'avais honte. Je ne voulais pas tenter à nouveau l'expérience, de peur d'échouer. J'aimais mon travail, je le faisais bien ; il m'intéressait, j'étais bien considéré et bien nourri. Jusqu'alors je n'avais pas éprouvé le besoin de me servir d'une plume. Mais à présent, je voyais l'intérêt d'apprendre à lire et à écrire. Était-ce vraiment si difficile ?

CHAPITRE 37

– Que vas-tu faire de ta vie, Matteo ?

J'arrêtai de balayer le sol et jetai un coup d'œil rapide à Felipe, assis à la table commune, en train de compter un tas de pièces. Il réglait les factures trimestrielles des fournisseurs qui devaient passer ce jour-là.

– Je suis heureux comme je suis, répondis-je.

Je me remis à balayer avec une énergie redoublée pour finir plus tôt et m'occuper d'autre chose. De toute façon, je n'avais pas l'intention de m'attarder car je redoutais une nouvelle réprimande. Environ un mois après ma conversation avec le maître au sujet de mon instruction, Graziano m'avait pris à part pour me proposer d'étudier dans un livre. J'avais pensé alors que je me sentirais terriblement humilié si l'on découvrait que j'étais illettré et j'entendais déjà les remarques moqueuses de Salai et des autres. J'avais donc refusé sa proposition et Graziano, après un haussement d'épaules, m'avait laissé tranquille. Un entretien avec Felipe serait encore moins agréable.

Felipe se leva, me prit le balai des mains et se planta devant moi.

– Le maître a dit que tu devais prendre soin de ta personne. Regarde-toi. Ta tunique est toute déchirée et tu aurais besoin d'une paire de chaussures car l'hiver approche. Et tes cheveux…

Felipe souleva une mèche de ma tignasse et l'examina avec dégoût.

– Tu ne vas pas souvent chez le barbier.

Depuis ma discussion avec le scribe au sujet des troubles menaçant l'Italie, je préférais garder les cheveux longs pour cacher mon visage. Même si je ne croyais pas vraiment au retour des Médicis à Florence, il valait mieux ne pas m'exposer aux regards des autres.

– Au plus fort de l'hiver, répondis-je, j'aurai plus chaud avec les cheveux longs.

– Ce n'est pas seulement ton aspect qui l'inquiète, c'est aussi ton éducation.

– J'en sais assez pour ce que j'ai à faire dans cette maison, lui répliquai-je, et effectivement, l'hiver arrive. Les occupations sont plus nombreuses en cette saison, j'ai donc moins de temps libre. Je ne peux pas entreprendre des études.

– Tu as raison, les fêtes de Noël approchent, répliqua Felipe d'un ton sec. Alors, pourquoi ne te décides-tu pas à écouter ceux qui désirent t'aider ? Nous pourrions avoir deux fêtes cette année : l'une pour célébrer la naissance du Christ, l'autre pour fêter le nouveau Matteo.

– Je ne veux pas…

– Écoute-moi bien. (Felipe me tenait fermement le bras.) On te donne une chance que beaucoup de garçons comme toi ne rencontreront jamais. Messire de Vinci t'a proposé de t'instruire à ses propres frais. Tu recevras une éducation dont les autres n'oseraient jamais rêver. Tu ne resteras pas toujours un enfant. Quand on devient un jeune homme, on doit se conformer à certaines exigences. Il ne suffit pas de regarder passer les années pour être adulte. (Il me secoua brutalement.) Accepte ce qu'on t'offre, arrête d'être aussi obstiné.

Je refusai de répondre. Felipe poussa un cri d'exaspération et retourna faire ses comptes.

L'été laissant place à l'automne avec ses couleurs de terre de Sienne, ses tons cuivrés, ses nuances d'ocre et de gris au début de l'hiver, je restais sourd à leurs supplications. La seule chose qui me préoccupait était de savoir comment répondre à Elisabetta. Un jour, je me risquai à demander au scribe combien il me prendrait pour écrire quelques lignes.

– Ah, messire Matteo ! s'exclama-t-il avec satisfaction. J'attendais le moment où tu aborderais ce sujet.

– Quel sujet? demandai-je, feignant l'innocence.

– Allons, j'ai trop l'habitude de jouer sur les mots pour ne pas me laisser berner par un gringalet de ton espèce. Tu veux répondre à dame Elisabetta et tu as besoin de moi pour écrire à ta place.

– Il y a beaucoup de gens compétents dans l'équipe du maître, fis-je avec arrogance, et je suis bien considéré. Je trouverai bien quelqu'un qui aura envie de me rendre ce service pour rien.

– Bon, d'accord, admit le scribe, mais il y a en plus le prix de l'encre et du papier et des frais pour qu'elle arrive à destination. Combien coûte l'envoi d'une lettre de Florence à Milan ? C'est au-dessus de tes moyens, je parie.

Là, il me tenait. Car évidemment, j'étais incapable de payer un tel service. Certes, mon maître était en relation permanente avec Milan, où il avait beaucoup d'amis parmi les artistes, les universitaires, les philosophes. Felipe ne dirait probablement rien si je glissais une lettre dans un des paquets qu'il expédierait. Mais il faudrait encore payer pour la faire parvenir jusqu'à la ferme isolée où habitaient maintenant Elisabetta et Paolo, et je n'en avais pas les moyens.

– Qu'est-ce que tu portes là ?

Je ne m'attendais pas à cette question. Je restai interdit. J'étais tellement habitué à porter le sceau à la taille ou autour du cou que, par moments, j'en oubliais son existence. D'ailleurs, jamais je ne me séparais du petit sac dans lequel il était enfermé, même pour me laver. La sueur avait noirci le cuir mais la cordelette était en bon état; je le sentais à peine contre ma peau.

– Ma question a l'air de te surprendre, Matteo.

Le vieil homme plissait les yeux.

– S'il s'agit de quelque chose de précieux, pourquoi ne pas le vendre pour me payer ?

Il avança sa main décharnée vers moi.

Je reculai d'un bond.

– Cela n'a pas de valeur, balbutiai-je, il n'y a rien là-dedans.

– Mais si, car tu la tiens bien trop serrée contre toi.

– C'est une relique. Une sainte relique.

– Quel genre de relique ? me demanda-t-il. Une relique de premier ordre a beaucoup plus de valeur.

– C'est l'os d'un saint.

– De quel saint ?

– De sainte Drusilla, fis-je en me rappelant la statue que j'avais vue au couvent de Melte.

– Bizarre, nota le scribe. Il est pourtant difficile de se procurer des reliques de sainte Drusilla.

– Ma grand-mère me l'a donnée. Elle est très ancienne.

Il s'esclaffa.

– Ce n'est pas pour cette raison que ta relique est si rare. Sainte Drusilla est considérée par l'Église comme une martyre et elle est morte sur le bûcher. Il ne reste rien d'elle.

– Je... je...

Il me lança un regard inquisiteur.

– Ta grand-mère a dû être abusée par un colporteur. Or je te connais bien maintenant ; si ta grand-mère te ressemblait, on ne devait pas si facilement la berner.

Je pris congé de lui rapidement. Notre conversation m'avait rappelé des choses dont je ne voulais pas me souvenir, en particulier Sandino et ses intrigues avec Borgia. César Borgia avait quitté le pays*. Libérés de sa tyrannie, les domaines qu'il possédait en Romagne avaient changé de mains. Certains des anciens seigneurs étaient retournés sur leurs terres, tel Baglioni à Perugia, et ces petits États intéressaient vivement une puissance animée par une volonté de conquête. Venise avait saisi cette opportunité et s'était emparée de Rimini et de quelques autres cités de moindre importance. Comme ces villes faisaient partie de ce qu'on appelait traditionnellement les États du pape, Sa Sainteté Jules II ne l'entendait pas ainsi. Allié à d'autres États, il avait massé des troupes pour ramener ces territoires sous son autorité. Si le Vatican avait l'intention de s'attaquer à la puissance de Venise, quel parti choisirait Florence ? La ville bruissait de toutes sortes de rumeurs. Même éclairée par les conseils du rusé Machiavel, l'Assemblée serait-elle assez habile pour manœuvrer entre ces deux écueils ?

Sur le chemin du retour, en passant par le Ponte Trinitá, je me dis ce soir-là qu'il ne fallait pas vendre le sceau. Il n'existait à Florence aucune officine, même parmi les plus louches, susceptible de l'acheter sans me poser des tas de questions. J'aurais pu expliquer que je l'avais trouvé en me promenant le long de l'Arno, où il avait été perdu quand le palais des Médicis sur la Via Larga avait été pillé et les membres de la famille chassés de la ville quelques années plus tôt. Plus vraisemblablement, la personne à qui je l'aurais proposé m'aurait pris pour un espion et m'aurait dénoncé dans l'espoir de toucher une récompense.

En traversant le pont, je vis l'Arno en crue. Pourquoi ne pas jeter le sac et le sceau qu'il contenait dans la rivière ? Il était à l'origine de tous mes malheurs. J'hésitai pourtant : si jamais je croisais à nouveau Sandino, cet objet pourrait me sauver la vie. Et aussi… je touchai le cuir râpé de la bourse. Cela me reliait à mon passé et à la famille Dell'Orte. Cette aumônière me rappelait Elisabetta et Paolo et notre séjour au monastère de Melte. Il m'était impossible de m'en séparer.

Il me fallait à tout prix entrer en contact avec Elisabetta, sinon tous les liens qui nous réunissaient seraient à jamais rompus. Aussi je devais parvenir à un accord avec Felipe. Je saisis l'occasion de formuler ma requête un jour où il était seul en train de faire ses comptes. Il prit un air sévère :

– Et en contrepartie de cette faveur que le maître t'accorde, que proposes-tu, Matteo ?

– J'accepte d'apprendre à lire comme vous le souhaitez, répondis-je humblement.

Il fit alors une chose étrange, inattendue. Il me prit par les épaules de ses deux mains. C'était comme une étreinte.

– Je suis content pour toi.

Dès que j'en eus la possibilité, je retournai voir le scribe et lui demandai d'écrire ma lettre. Il me rabroua :

– Je ne travaille pas pour rien. Tu as de l'argent ?

– Je vous ai apporté quelque chose qui est mieux que de l'argent, quelque chose que vous serez content d'avoir pour votre commerce.

– Du pain ? Du vin ?

– Quelque chose de bien plus précieux pour vous.

Je déroulai la feuille de papier généreusement donnée par Felipe pour payer les services du scribe.

Le vieil homme passa la main sur la feuille avec respect.

– Excellente qualité ! Papier vénitien, je dirais, ou d'Amalfi ?

Puis, comme si une idée venait de lui traverser l'esprit, il me lança :

– Tu ne l'as pas volé, garçon, dis ?

Je me sentis insulté et m'écartai violemment de lui.

– Non, je ne l'ai pas volé !

– Je ne voulais pas te blesser mais il fallait que je te pose cette question. Il y a tant de gens dans cette ville prêts à dénoncer leur voisin par jalousie.

Il me prit la feuille des mains.

– Avec ça, je vais pouvoir écrire ta lettre, Matteo et j'aurai encore de quoi faire une douzaine de cartes.

C'est ainsi que le scribe écrivit la lettre que je lui dictai. Felipe se chargea de l'expédier, je dus promettre en échange de m'appliquer dans mes études quand il aurait trouvé un précepteur valable. Mais avant d'avoir pu nous organiser, nous eûmes à faire face à une situation désespérée.

Nous avions un problème avec la fresque.

CHAPITRE 38

Il faisait alors beaucoup plus froid dans la grande salle du Palazzo Vecchio ; nous devions travailler avec nos bonnets rabattus sur les oreilles, des écharpes bien serrées autour du cou et des gants dont les doigts avaient été coupés. Un vent glacial s'engouffrait sous les portes. Florence est nichée au fond de la vallée de l'Arno. Les terres y sont luxuriantes et fertiles, grâce au climat tempéré de la Toscane. Elle est protégée par des collines et il neige rarement ; mais cet hiver-là, une vague de froid s'était abattue sur la région.

La peinture, préparée selon les indications du maître, n'était pas facile à étaler. La partie centrale de la fresque était pratiquement achevée et les personnages prenaient corps, terribles et magnifiques. Mais au moment de transférer les autres cartons sur le mur, la peinture se durcit. Après avoir consulté le maître, on plaça un brasero à proximité et des flambeaux et des cierges furent fixés à l'échafaudage pour faciliter le séchage dans la partie supérieure de la fresque.

Ce matin-là, nos outils étaient couverts de givre et nous dûmes faire du feu avant de nous mettre au travail. Felipe faisait des trous sur une autre partie du carton et j'aidais Zoroastre à écraser des blocs de pigment. Soudain, un vacarme se fit entendre.

– Maître Felipe ! appela Flavio d'une voix qui trahissait la peur. Nous avons besoin de vous, tout de suite !

Nous échangeâmes un regard, Zoroastre et moi, tandis que Felipe grimpait sur l'échafaudage. Redescendant quelques secondes plus tard, il demanda à Zoroastre de monter à son tour pour voir la partie sur laquelle travaillaient les élèves et les apprentis.

Zoroastre revint au bout d'une minute.

– Aidez-moi, cria-t-il, la peinture est en train de couler. Il faut rapprocher le brasero du mur. Sinon, les couleurs vont descendre le long du mur dans la partie centrale.

– On court à la catastrophe, commenta Felipe.

– Quand je pense qu'ils se moquaient de nous quand nous avons essayé de les mettre en garde, marmonna Zoroastre.

Il prit la petite hache qu'il portait à la ceinture et se dépêcha de couper du bois pour alimenter le feu.

– Il faut absolument avertir le maître, déclara Felipe.

– Il est sorti de très bonne heure ce matin, grommela Zoroastre, des copeaux de bois plein les cheveux, mais je ne pense pas qu'il soit allé à Fiesole aujourd'hui.

Mon maître ne passait pas toutes ses journées sur la fresque. Il s'accordait du temps pour poursuivre ses études de botanique ou d'anatomie. Il peignait aussi sur toile ou sur bois. Le roi de France l'avait même récemment sollicité pour peindre une madone.

– Matteo ! appela Felipe sur un ton brusque. Sais-tu où est ton maître ?

– Je l'ai laissé ce matin chez Mona Lisa.

– Va le chercher ! me lança-t-il. Cours, mon garçon, dépêche-toi !

Mona Lisa habitait près de l'église de San Lorenzo. Aussi, sortant à toute allure du Palazzo Vecchio, je tournai devant la statue de David et traversai la Piazza della Signoria en direction du baptistère.

Mona Lisa vivait avec son mari, le marchand de soie Francesco del Giocondo, dans la Via della Stufa. Il m'avait donné, deux ans auparavant, les seuls deniers que j'avais jamais possédés. Je connaissais par cœur le chemin pour y aller, m'étant rendu chez eux très souvent.

Le maître et moi avions fait leur connaissance par l'intermédiaire de Zita, leur bonne. Leurs deux garçons étaient attirés par la forge de Zoroastre installée dans la cour du monastère de Santa Maria Novella; le petit homme, qui frappait avec force sur son enclume et faisait voler des étincelles tout autour de lui, les fascinait. Un jour, leur mère vint les chercher au monastère. Elle s'inquiétait: les enfants étaient restés dehors une grande partie de la journée et la vieille Zita commençait à ne plus avoir toute sa tête. C'était peu avant la Toussaint de l'an 1503 et Mona Lisa attendait un enfant. Je l'avais remarqué à la forme de sa robe. Cependant, elle était aussi gracieuse que sainte Elisabeth portant saint Jean-Baptiste dans son ventre, dans les tableaux où elle figure aux côtés de Marie, la mère de Dieu.

Elle me salua alors qu'elle entrait dans la cour, accompagnée de sa servante:

– Je cherche mes enfants, m'expliqua-t-elle. Ils ont l'habitude de venir ici avec leur bonne. Où sont-ils?

– Là-bas, répondis-je, avec Zoroastre, qui est en train de fabriquer des essieux métalliques pour fixer nos poulies.

Les garçons se trouvaient en effet à leur endroit favori près de la forge. Mon maître se tenait à côté, surveillant ce que faisait Zoroastre.

– Oh, fit Mona Lisa en s'approchant, j'ignorais que les garçons avaient choisi de fréquenter l'atelier de messire Léonard de Vinci.

– Si l'on doit choisir de visiter un atelier, répliqua mon maître, pourquoi ne pas opter pour le meilleur ? Comme vous, vos enfants ont bon goût, j'ai l'impression.

– En effet.

Amusée, elle se mit à rire. Elle fit signe à Zita, assise sur un banc.

– Nous devons partir, dit-elle. Vu mon état, je me fatigue vite.

La semaine suivante, Zita nous annonça que Mona Lisa était souffrante ; c'est à cette époque-là que j'appris l'histoire du crapaud.

Quelques jours plus tard, Mona Lisa vint seule, le visage couvert d'un voile de crêpe noir.

– Je voudrais parler à ton maître, me demanda-t-elle.

Le maître consacrait alors tout son temps au carton de la fresque. Il réalisait une quantité importante de maquettes et de dessins de chevaux dans des attitudes variées ; il faisait également de nombreux croquis de visages, de bras et de corps d'homme.

– Il ne veut pas être dérangé, prévint Zoroastre.

– Je vais attendre, répondit-elle.

– Il peut travailler pendant des heures, l'avertit gentiment Zoroastre. Il est capable de se passer de nourriture, ou de rester longtemps sans boire ni dormir.

– Je vais quand même attendre.

Son mari la rejoignit en fin de journée. Il s'assit près d'elle et lui caressa la main. Il était bien plus âgé qu'elle et je crois que Mona Lisa était la deuxième ou la troisième femme de Francesco del Giocondo. Il lui chuchota quelque chose à l'oreille, mais elle ne voulut pas repartir avec lui. Il aurait pu l'obliger. Après tout, il était son mari. Mais je voyais bien comment cela se passait entre eux. Il essaya par la douceur de la faire lever en lui prenant le bras, mais elle refusa.

Finalement, il se leva. Il s'adressa à moi et me donna quelques deniers :

– Si ton maître peut se passer de toi, je te serais reconnaissant de bien vouloir t'occuper de cette dame et de me prévenir quand elle aura décidé de rentrer.

Lorsque le soir tomba, elle n'avait toujours pas bougé malgré le froid. Zoroastre l'invita à venir s'asseoir près du feu. Elle refusa la nourriture que je lui proposai mais elle but quelques gorgées de vin. Il faisait désormais nuit noire.

Le maître arriva enfin de son atelier, sa tunique couverte de plâtre et de la terre collée aux doigts.

Par la fenêtre, je lui indiquai l'endroit où était assise Mona Lisa.

– Cette dame a attendu toute la journée pour vous parler.

– Une commande ? Je n'en prends plus en ce moment.

– C'est ce que je lui ai dit, mais elle tient absolument à vous parler.

Il soupira.

– Toutes les dames riches veulent que je fasse leur portrait, mais il m'est impossible de satisfaire tous leurs désirs.

– Je ne pense pas que cette personne vienne ici par caprice ou par vanité, observa Graziano, qui s'y connaissait en femmes.

J'avais apporté une cuvette d'eau pour permettre à mon maître de se laver les mains.

– Très bien, accepta-t-il en se débarrassant de l'argile qu'il avait sur les doigts. Demande-lui ce qu'elle veut, Matteo.

Mona Lisa ne me laissa pas le temps de parler :

– Dis à ton maître que j'ai besoin d'un masque mortuaire, de toute urgence. Il est le seul à pouvoir le réaliser.

Il fallait agir sans tarder car, même par temps froid, un corps se décompose rapidement. C'était une pratique très populaire ; la plupart du temps, dans les échoppes spécialisées de la ville, ce travail était confié à des apprentis ; ils apprenaient ainsi les bases de la structure osseuse du visage et la façon d'en reproduire les contours.

Je retournai en informer mon maître.

– Réponds-lui que n'importe quel artisan peut le faire.

– Il s'agit selon elle d'un travail bien particulier.

– Dans la rue d'à côté, poursuivit-il, elle trouvera des spécialistes qui lui donneront satisfaction.

Je lui rapportai la réponse de mon maître mais elle ne se résigna pas à partir.

– Je vais attendre, je veux lui parler en personne.

Mon maître eut un geste d'agacement quand je lui fis part de l'intention de Mona Lisa de rester. Le dîner était servi, on sentait les bonnes odeurs de nourriture. Il voulut s'éloigner de la fenêtre mais il se ravisa et la regarda :

– J'ai l'impression de la connaître. Qui est-ce ?

– C'est la femme de Francesco del Giocondo, le marchand de soie qui habite Via della Stufa, la mère des garçons qui viennent à la forge regarder Zoroastre travailler, lui expliqua Felipe.

– Giocondo… répéta le maître en jouant sur les syllabes. Joconde.

Quelque chose dans ce nom retenait son attention.

– Un nom qui a plus d'une signification.

– Son mari est venu tout à l'heure mais il n'a pas pu la convaincre de repartir avec lui, l'informa Felipe.

Il marqua une pause puis ajouta :

– La dernière fois que nous l'avons vue, elle était enceinte.

– Ah, voilà pourquoi je ne l'ai pas reconnue tout de suite.

Mon maître alla jusqu'à la porte et la contempla de nouveau. S'étant sentie observée, elle leva les yeux et le fixa, sans sourire.

– Graziano, fais-lui comprendre gentiment que je ne peux…

Mais soudain, il s'interrompit et sortit dans la cour. Il parla à Mona Lisa quelques minutes, puis revint vers nous.

– Matteo, je voudrais que tu m'accompagnes.

– Maintenant ?

– Oui, maintenant.

Nous n'avions pas mangé depuis le matin. Mon maître alla chercher sa sacoche dans son atelier et prit son matériel dans les placards.

– Garde-nous à manger, demanda-t-il à Felipe, et ne nous attends pas. Tu peux aller te coucher.

Puis, jetant une cape par-dessus sa tenue de travail, il sortit avec moi.

Mona Lisa frissonna en quittant le monastère. La forge de Zoroastre était loin et nous sentîmes le vent glacial qui venait de la rivière. Mon maître mit sa cape sur les épaules de Mona Lisa ; elle esquissa un sourire, à peine visible à la lueur des torches qui éclairaient la rue. J'imaginais aisément comment elle avait dû être dans sa jeunesse, elle qui avait le visage de quelqu'un qui plus jamais ne sourirait.

Nous n'eûmes pas besoin de sonner la cloche pour entrer chez elle. Une bonne l'attendait. Les volets étaient fermés, comme les portes à l'intérieur de la maison. Cela sentait le renfermé, l'atmosphère était lourde.

Nous montâmes à l'étage et pénétrâmes dans une pièce obscure. Zita était assise près de la cheminée, mais aucun feu n'y brûlait. On avait recouvert les miroirs d'un voile. Un crucifix était posé sur la commode, entre deux bougies. Sous la fenêtre, il y avait une petite table avec quelque chose dessus, recouvert d'un drap blanc. Il régnait une odeur que je reconnus. C'était l'odeur de la mort.

– J'ai perdu l'enfant que je portais, dit Mona Lisa, avant de poursuivre d'une voix plus faible : Une petite fille.

Elle nous conduisit devant la table.

– Elle est morte dans mon ventre. Je m'en suis aperçue tout de suite car elle a cessé de bouger ; dans les derniers mois, je la sentais gigoter, comme si elle dansait. Le jour, elle était calme, mais le soir, elle s'animait. Elle aimait la musique, ma toute petite. Dans les dernières semaines, quand elle m'empêchait de dormir, je me levais et jouais de la lyre pour la calmer.

Elle plongea sa tête dans ses mains, elle avait du mal à continuer. Mon maître ne parla pas, il attendit qu'elle ait à nouveau la force de poursuivre.

– Comme elle était morte à la naissance, elle ne peut pas être enterrée avec tous les sacrements. On ne veut même pas que je lui donne un nom. C'est la raison pour laquelle j'aimerais que vous fassiez un masque mortuaire, j'ai tellement peur de l'oublier. (Sa voix tremblait.) Je ne veux pas. Comment une mère pourrait-elle d'ailleurs oublier son enfant ? Et au regard de la loi, cette enfant ne peut être enregistrée nulle part, elle ne laissera donc aucune trace de son passage. Pourtant, elle vivait ! Je l'ai sentie bouger.

Mona Lisa semblait moins assurée, son ton était moins ferme.

Le maître tendit le bras vers elle, lui qui contrôlait toujours ses émotions et laissait rarement paraître sa peine ou sa colère. Mais elle se ressaisit.

– Je ne veux pas vous ennuyer, messire Léonard. J'ai versé toutes les larmes de mon corps, mes yeux sont secs.

Mon maître réfléchit un instant :

– Votre mari est d'accord ?

– C'est un homme d'une grande bonté.

Je me rappelai le geste tendre de Francesco del Giocondo pour sa femme quand il était avec elle dans la cour.

– Je vais vous laisser à votre travail et je vais aller parler à mon mari.

Peu après, Francesco del Giocondo vint voir le maître pour lui demander de faire le portrait de Mona Lisa.

– Ma femme est dépressive et je crains pour sa vie. Elle ne sort plus, elle parle très peu et n'a pas envie de manger. Elle ne joue plus de la lyre et je ne l'entends plus chanter. Elle n'a plus envie de lire. Vous êtes la seule personne à qui elle ait parlé depuis cette tragédie. Je vous en supplie, messire de Vinci. Si vous vouliez bien venir pendant une heure chaque semaine, je paierai ce que vous voudrez. Elle s'est à ce point murée dans son silence que c'est pour moi la seule façon de la sauver.

Je savais donc où trouver mon maître, à l'endroit habituel. Dans la petite pièce qui donnait sur la cour intérieure de la maison, le maître avait installé un atelier où il avait commencé à faire le portrait de Mona Lisa, deux ans plus tôt. Quand il comprit ce qui se passait à la salle du Conseil, il prit aussitôt congé. Il marchait tellement vite pour retourner au Palazzo Vecchio que je dus courir pour le suivre.

CHAPITRE 39

Quand nous entrâmes dans la salle du Conseil, le chaos régnait : les peintres et les élèves se bousculaient sur l'échafaudage avec des cierges allumés, des chiffons et des pinceaux. Felipe marchait de long en large en se tordant les mains. Graziano était affolé, il criait des ordres aux apprentis, puis courait faire lui-même ce qu'il leur avait demandé. Bouleversé, Salai, pour une fois, se taisait ; quant à Flavio, il restait blotti dans un coin, comme s'il craignait de recevoir des coups. En larmes, Zoroastre vint à notre rencontre en hurlant comme un fou.

– Que faut-il faire ? La peinture ne veut pas sécher !

Au milieu de tout ce tumulte, le maître essaya de garder son calme. La peinture coulait le long du mur, elle avait atteint la partie de la fresque déjà terminée. La chaleur du brasero l'avait, semble-t-il, un peu séchée, mais elle continuait à glisser.

– Il faut alimenter le feu, ordonna le maître.

– Mais… hasarda Zoroastre.

Le maître passa rapidement devant lui.

– Il va nous falloir du bois, avertit Felipe. Nous avons épuisé toutes nos réserves.

– Du bois, ce n'est pas ce qui manque ici ! répondit mon maître d'un ton sec.

Il ôta sa cape et, se saisissant de la hache de Zoroastre, il se dirigea d'un pas décidé vers la fresque.

– Aide-moi, Matteo, lança-t-il en s'attaquant aux montants de l'échafaudage.

Felipe fut horrifié en comprenant les intentions du maître.

– Nous aurons à payer la note, protesta-t-il. Selon les termes du contrat, tout le matériel doit être rendu intact.

– Qu'ils viennent donc reprendre ce qui leur appartient. On va les faire rôtir dans les flammes, ces grippe-sous ! menaça le maître en frappant de plus belle.

Felipe, effrayé, recula. Mon maître détacha un bout de l'échafaudage et le lança dans le feu.

– Le brasero est trop près de la fresque, cria Zoroastre en se précipitant vers le mur.

– Ce n'est pas grave.

– Mais elle va être endommagée !

– Je te dis que ce n'est pas grave, répéta le maître. Tu ne sais pas encore que les gens de Florence adorent les feux de joie ? Il n'y a pas si longtemps, Savonarole, leur grand prophète, leur a demandé de brûler toutes leurs œuvres d'art et ils l'ont fait, là, sur la place ! Et un an après, c'est lui qu'ils ont brûlé, au même endroit ! On va leur en faire un, de feu de joie, nous, si vraiment ça leur plaît ! C'est très bien que cela ait lieu dans leur salle du Conseil cette fois. Ouvrez les portes et les fenêtres ! Quand ils sentiront la fumée et qu'ils entendront crépiter les flammes, ils accourront pour admirer le beau spectacle, une fois de plus !

Impuissants, nous l'observâmes. Les flammes léchaient la paroi, de plus en plus haut. Les personnages et les chevaux de la fresque semblaient lutter contre le feu de l'enfer. Dans la partie supérieure, les couleurs se craquelaient. L'intense chaleur du foyer parviendrait-elle à sécher la peinture et l'enduit sur le mur ? C'est alors que l'on entendit Flavio geindre :

– Regardez !

À travers les flammes, nous vîmes la peinture commencer à se boursoufler. Zoroastre se précipita vers le mur mais Graziano le retint. Nous ne pouvions que constater l'ampleur des dégâts, car ils paraissaient irréparables. Bouleversés par ce spectacle, nous nous serrions les uns contre les autres en gémissant. Le bruit et la chaleur infernale nous terrifiaient : nous étions devant un monstre en train de dévorer notre chef-d'œuvre. Sur la fresque, l'expression des visages des combattants était à l'image de celle des artistes assistant au désastre.

Épuisé par ses efforts, le maître chancelait. Felipe le prit par le bras et le persuada de s'éloigner. Zoroastre, ne craignant pas pour lui-même, s'approcha du feu, tira le brasero avec un de ses outils et l'écarta du mur. Quant aux autres, l'air sombre, ils se mirent à ramasser tous les objets éparpillés à travers la salle. Chacun était silencieux. Je préparai un peu de vin chaud à la cannelle que j'apportai au maître – il ne parut pas me reconnaître, mais l'odeur des épices exhalée par le vin lui fit reprendre ses esprits. Il se frotta les yeux, saisit la coupe et but lentement. Je m'agenouillai à ses pieds.

Il mit la main sur ma tête.

– Laisse-moi, dit-il.

Puis il s'adressa à Felipe qui se tenait près de lui :

– Laissez-moi, je veux être seul.

Je rejoignis le milieu de la pièce où je servis du vin chaud à tout le monde. Personne ne parlait, on entendait Flavio claquer des dents. Je me forçai à boire pour avoir le courage de regarder la fresque.

Quel spectacle !

La partie supérieure n'était qu'un amas de couleurs et on avait du mal à distinguer les personnages.

Tout avait été anéanti en quelques minutes. La partie basse était noircie par les flammes, mais on distinguait encore les sujets au centre, comme si la fureur qui les animait avait été plus forte que le feu.

Je vis le maître s'approcher. Il préleva un peu de peinture avec ses doigts et il la renifla. Puis il la frotta entre ses mains.

– Pourquoi a-t-on changé la composition de cette peinture ?

Nous étions tous interloqués.

– Maître, répondit Flavio avec force, nous n'avons rien changé du tout.

– Les proportions sont les mêmes, confirma Felipe. Je l'ai vérifié moi-même.

– Chacun a bien fait son travail, affirma Zoroastre.

– Certainement, reconnut mon maître, mais je ne comprends pas bien, nous avions pourtant cette peinture-là à l'atelier.

– Mais on l'a essayée seulement sur une petite surface, remarqua Felipe, peut-être que sur un espace plus grand…

Zoroastre se dirigea vers une jarre remplie d'huile utilisée pour la préparation des peintures. Il en mit un peu sur sa main.

– Qui t'a vendu cette huile ? demanda-t-il à mi-voix à Felipe en le prenant à part.

Felipe le dévisagea avec inquiétude.

– Pourquoi poses-tu cette question ?

– Regarde toi-même. La qualité n'est pas la même.

– Nous avons différents fournisseurs, expliqua Felipe en se dirigeant vers la jarre pour en examiner la provenance. Celle-ci vient d'un entrepôt situé sur les quais mais nous n'avons pas modifié notre commande.

– Et pourtant ce n'est pas la même, insista Zoroastre.

– Le pape veut faire de Rome le premier centre de la vie culturelle et artistique d'Europe, commenta Graziano. Il désire supplanter Florence. Les commerçants savent qu'il est prêt à payer le prix pour obtenir des produits de première qualité.

– Je suis d'accord, concéda Felipe. Et Zoroastre a raison. Nous avons sans doute des produits de moins bonne qualité. Mais je me sens un peu responsable. J'ai seulement contrôlé le premier lot. Il faut que j'en informe le maître.

– Et moi, je n'ai pas voulu écouter Flavio, reprit Graziano. D'après lui, la peinture était trop liquide et il fallait renoncer. Je le soupçonnais d'avoir envie d'aller se réchauffer près du feu. Je lui ai dit de continuer.

– Moi aussi, j'ai ma part de responsabilité, renchérit Zoroastre. Dans l'affolement, j'ai placé le brasero trop près du mur et la fresque n'a pas résisté à la chaleur.

– Et moi, ajoutai-je, j'aurais dû courir plus vite pour aller chercher le maître.

Ce n'était peut-être pas vrai, mais je voulais montrer ainsi ma solidarité.

– Bon, très bien. Allons ensemble lui présenter nos excuses.

– Vous voyez ce qui arrive quand on ne tient pas compte des avertissements, observa Zoroastre. Ce projet était maudit parce qu'on a commencé un vendredi à treize heures.

Le maître nous écouta et nous certifia que nous n'étions pas responsables. Il avait mis toute l'équipe en congé en assurant que cette journée serait entièrement payée et qu'il en ferait de même pour nous.

– Et maintenant, laissez-moi, je veux être seul. Ne vous laissez pas abattre. Je vais la restaurer.

En partant, j'entendis Felipe confier à Graziano :

– Il n'y arrivera jamais.

CHAPITRE 40

Les élèves et les aides quittèrent le maître les uns après les autres.

Comme beaucoup, ils partirent pour Rome, où Raphaël se trouvait déjà. Quant à Michel-Ange, il était en train de peindre le plafond de la chapelle Sixtine au Vatican. On disait qu'il lui faudrait des années pour terminer son travail. Avec ce projet en cours de réalisation et d'autres en attente, les Romains se flattaient de pouvoir employer tous les artistes italiens. Le maître ne paraissait pas affecté d'avoir perdu ses collaborateurs. Son esprit curieux et toujours en éveil s'intéressait à bien d'autres sujets et il avait laissé à Graziano le soin de réparer les dommages causés sur la fresque par le feu. Felipe était chargé de faire patienter les membres du Conseil inquiets de savoir quand la fresque du Palazzo Vecchio serait terminée.

Sollicité de toutes parts, Léonard de Vinci recevait de nombreuses commandes. Les Français le pressaient de venir se mettre à leur service. Ils avaient ainsi demandé au Conseil de Florence de rompre le contrat entre mon maître et la ville. De plus, le travail commandé par la Confrérie de l'Immaculée Conception à Milan était l'objet d'une controverse permanente. L'estimant inachevé, les pères refusaient de payer. Mais selon moi, il s'agissait d'un prétexte pour l'attirer à Milan. Il se sentait attaché à Florence, mais était disposé à partir. Il parlait de retourner là où il avait débuté sa carrière – en particulier comme ingénieur, architecte et dessinateur. Il lui semblait en outre que les Français reconnaissaient ses talents. D'autre part, Felipe serait heureux de ne pas rendre l'échafaudage.

– On devrait le démonter complètement, l'emballer et le livrer en colis séparés. Pier Soderini et son Conseil ne se rendraient peut-être pas compte qu'il en manque, plaisanta Felipe.

– Ils n'y verront que du feu, plaisanta Graziano, ces gens-là sont si bêtes qu'ils ne sont même pas capables de trouver leur derrière pour se torcher.

Graziano était impatient d'aller vivre à Milan. Les Français* y avaient installé une cour raffinée où selon lui, l'élégance et l'esprit régnaient ; et il espérait y rencontrer des femmes.

Et Salai ? Il aurait suivi le maître n'importe où. Je crois qu'il l'aimait vraiment. En dépit d'un naturel sournois, il était fidèle. À la différence des autres élèves, il ne l'avait pas abandonné. Mais peut-être était-ce par calcul. Il avait quelque don pour dessiner et peindre et il profitait de la renommée de Léonard de Vinci pour gonfler sa bourse grâce à des commandes privées. Parfois le maître commençait un dessin et Salai le terminait en utilisant des matériaux de notre atelier. Felipe évitait de commenter ouvertement cette attitude mais cela créait une certaine tension au sein de l'équipe.

Mon maître ne semblait pas l'avoir remarqué ou il s'en moquait. Il passait le plus clair de son temps chez Mona Lisa, où j'étais allé le chercher le jour de la catastrophe.

C'était devenu son refuge. Elle le soutenait désormais dans ses difficultés. Il avait peu d'amies, mais elle comptait beaucoup pour lui. Elle était cultivée et possédait une bibliothèque composée de livres anciens et modernes dont ils parlaient ensemble. Il l'appréciait pour son érudition et sa force de caractère. Il admirait en effet le courage des femmes en général.

Un jour que nous revenions de chez elle, il me confia :

– Les femmes se marient, elles ont des enfants et meurent épuisées par leurs nombreuses grossesses. Il y a quelques années, j'ai disséqué le cadavre d'une malheureuse qui avait accouché de treize enfants. Et j'ai constaté de nombreuses fractures au niveau du bassin, provoquées par les contractions de l'accouchement. De tous ses enfants, un seul lui a survécu. Elle a enduré les souffrances de les mettre au monde mais également les tourments de les perdre.

Je pensai à Rossana et à Elisabetta. Que seraient-elles devenues si elles avaient continué à grandir à Perela ? À seize ans, elles auraient dû être mariées et attendre des enfants. Mais pour l'heure, Elisabetta vivait avec son frère dans une ferme au milieu de nulle part et Rossana avait rejoint les anges. J'essayais de ne pas trop y penser, car j'avais l'impression de recevoir des coups de couteau dans le cœur à chaque évocation de Rossana.

– Les hommes ne considèrent pas les épreuves endurées par les femmes, poursuivit mon maître, mais peut-être existe-t-il une exception à cette règle.

Il faisait ainsi allusion au mari de Mona Lisa. Francesco del Giocondo avait en personne demandé à mon maître de faire le portrait de sa femme qu'il estimait beaucoup.

– Mona Lisa n'est pas sa première épouse, continua le maître. Il a déjà un fils d'un précédent mariage et il est resté veuf un moment. Je crois que cette femme décédée est toujours dans son cœur. Mon père s'est marié quatre fois, ses trois premières épouses étant mortes.

Mon maître parlait peu de son père, respectable notaire de Florence, mort dix-huit mois plus tôt. Il montrait rarement ses sentiments, mais dans ce cas particulier, il ne pleurait pas seulement la perte d'un parent. La loi ne reconnaissant pas les enfants naturels, mon maître n'avait pas droit à l'héritage laissé par son père et, d'après Felipe, il en était très peiné. Avait-il honte de ne pas être reconnu comme le fils de son père ? Moi non plus, je n'avais pas été reconnu par mes parents. Cela nous rapprochait peut-être. Enfant, mon maître avait été recueilli par une femme qui s'était comportée en véritable mère pour lui. Sa mère naturelle étant de condition inférieure, son père s'était marié avec une autre et il avait pris Léonard, son fils naturel, avec lui. Sa belle-mère l'avait traité avec bonté et il avait été très triste de la quitter quand il fut en âge de partir. À sa mort, il avait gardé des contacts avec son frère, qui était devenu un ami. Cet homme, qu'il considérait comme son oncle, était chanoine de l'église de Fiesole, tout près de Florence, et mon maître alla s'y reposer après la destruction de la fresque.

Il resta à Fiesole jusqu'à la fin janvier. Pier Soderini, le président de l'Assemblée de Florence, profondément mécontent de cette absence prolongée, vint se plaindre à l'atelier de Santa Maria Novella. Felipe devait par tous les moyens l'empêcher d'importuner mon maître. Alors il sortait sa comptabilité et la vérifiait devant lui. Il calculait et recalculait les versements effectués par l'Assemblée et notait dans son agenda le nombre de jours déjà travaillés. Il estimait aussi le délai nécessaire pour terminer le chantier. Pendant ce temps, Graziano offrait à boire de notre meilleur vin à ce personnage certes scrupuleux, mais complètement borné. Il l'amena ainsi tout naturellement à nous parler de la situation politique.

– Il ferait bien mieux de s'intéresser à ce qui se passe dans sa ville, remarqua un jour Graziano en regardant Pier Soderini repartir d'un pas mal assuré.

Felipe acquiesça.

– S'il était fin observateur de la vie politique comme il le prétend, il aurait remarqué ce qui se mijote sous son nez.

J'étais en train de débarrasser la table mais je ne pus m'empêcher de demander :

– De quoi parlez-vous ?

Ils se regardèrent.

– Il vaut mieux que tu restes en dehors de tout ça, Matteo, conseilla Felipe. Ainsi on ne pourra pas t'accuser de prendre parti pour les uns ou pour les autres.

– C'est-à-dire ?

– L'armée du pape est prête à marcher sur la Romagne. Certains, à Florence, veulent saisir cette occasion pour… opérer quelques changements… ici.

Graziano choisissait ses mots avec prudence.

– Et il se peut que des espions écoutent, dit brusquement Felipe en fixant Graziano comme pour le mettre en garde.

Cette conversation confirmait ce que le scribe m'avait dit mais je n'arrivais toujours pas à y croire. La vie à Florence était si active et le commerce si prospère, pourquoi vouloir la changer ? L'Assemblée faisait partie de la ville et Pier Soderini en avait été nommé président à vie. Il était bien en place ; de plus, l'incomparable Machiavel et son armée populaire le soutenaient. Je n'imaginais pas qu'on voulût le renverser.

Bien qu'étant lié par contrat à la ville de Florence, mon maître consacrait peu de temps à la fresque du Palazzo Vecchio. Il s'intéressait plus désormais à l'étude des oiseaux et à leur vol. Il avait déjà réalisé des centaines de dessins sur ce sujet et il conseilla Zoroastre pour fabriquer, à partir de ces croquis, des maquettes en fil de fer, en rotin et en toile de lin. Pour garder ce projet secret, il envoya Zoroastre dans un autre monastère.

Il avait repris ses promenades botaniques, son travail à la morgue et ses visites au domicile de Mona Lisa dont il continuait à faire le portrait. Francesco del Giocondo, son mari, ne s'inquiétait pas trop qu'il mette autant de temps à le peindre. Il était heureux de voir sa femme sortir enfin de l'immense chagrin dans lequel elle était plongée grâce à la fréquentation d'un homme aussi intelligent et aussi érudit.

Le marchand avait accepté d'installer un petit atelier dans sa maison et il voulait bien que le maître y vienne selon ses possibilités. Au début, il s'y rendait plutôt à contrecœur mais par la suite Mona Lisa le conquit par son intelligence et sa façon d'être. Ainsi trouva-t-il là tout le réconfort qu'il lui avait auparavant prodigué. Il la traitait avec beaucoup de respect, ne l'obligeant pas à poser longtemps, ni même à parler. Et puis un jour, quand il pensa qu'elle allait un peu mieux, il me demanda de rester pour leur raconter une histoire.

– Les histoires de Matteo sont très drôles, lui confia-t-il, il en connaît beaucoup.

Il me fit signe de commencer.

– Laquelle voulez-vous que je vous raconte ? questionnai-je.

– À toi de choisir, répondit-il. Pourquoi pas une de ces légendes que connaissait ta grand-mère ?

J'examinai la pièce : elle avait été aménagée par les soins de mon maître en atelier de peintre. Mona Lisa se tenait assise près de la fenêtre donnant sur la cour et son visage était éclairé juste comme il le souhaitait. Parmi les magnifiques vêtements apportés par les servantes, il avait choisi une robe toute simple, sans collier chatoyant ni bijoux de grande valeur. Je pense que le mari de Mona Lisa aurait aimé la voir plus richement parée. Mais le maître l'avait persuadé du contraire.

– Tant de grâce n'a pas besoin d'or, lui avait-il assuré.

Les robes et les bijoux avaient été rangés mais dans un coffre resté ouvert, je remarquai, parmi les rubans et les écharpes, quelques plumes d'autruche, de perdrix et de paon dont j'aurais besoin pour la légende que j'avais choisie :

– C'est l'histoire de Panoptes – dont le nom signifie en grec celui qui voit tout – appelé aussi Argos, le géant aux cent yeux. Un jour, Jupiter, le maître de l'Olympe, rendant visite au roi d'une île inconnue, vit la fille de ce roi se promener dans son jardin. Elle s'appelait Io et elle était très belle. Il tomba amoureux d'elle et ils vécurent ensemble très longtemps. Les dieux remarquèrent son absence et quand il fut de retour, la déesse Junon, à qui il avait promis d'être fidèle, lui demanda ce qui l'avait retenu parmi les hommes. Jupiter lui répondit qu'il avait été fort occupé, mais elle ne le crut pas. Aussi se rendit-elle chez le roi et elle découvrit la vérité. Junon fut très en colère. Jalouse de Io, elle chercha à se venger. Jupiter, surprenant ses intentions, s'empressa de protéger la princesse : il décida de changer Io en une magnifique génisse et chargea Argos, le puissant géant aux cent yeux, de veiller sur elle pendant qu'elle broutait tranquillement l'herbe des pâturages. Mais Junon découvrit la ruse. Elle fit venir Mercure, le messager des dieux, et lui donna ses instructions. Tel l'éclair, il fila jusqu'à l'endroit où gambadait Io. Il attendit jusqu'au soir quand Io, lasse d'avoir joué toute la journée, s'endormit sous la protection du géant Argos. Mercure prit alors sa flûte et se mit à jouer. Au son de cette musique, Argos commença à s'endormir. Une à une, ses cent paupières se baissèrent ; seul un œil resta ouvert mais il finit par se fermer lui aussi. Quand il fut certain qu'Argos dormait profondément, Mercure cessa de jouer de la flûte. Il prit son épée pour trancher la tête d'Argos, qui se réveilla en poussant un rugissement de terreur. Tous ses yeux s'ouvrirent. Il tenta de se relever, mais il était trop tard. Mercure frappa et le géant tomba raide mort. Io, contrainte de fuir, fut condamnée à errer sur la Terre, sans pouvoir jamais trouver le repos. Mercure revint dire à Junon qu'il avait accompli sa mission. Junon se précipita à l'endroit où Argos gisait mort, avec tous ses yeux ouverts fixant le ciel. Alors la déesse arracha chacun des cent yeux de la tête d'Argos, les emporta et les disposa sur les plumes de son oiseau favori. Et c'est ainsi que (je ramassai une plume de paon que je brandis en l'air) toutes les plumes de la queue du paon ont un œil, pour notre plus grand émerveillement.

Mona Lisa applaudit ; mon maître, de la tête, me montra sa satisfaction. Et moi, heureux de voir mon numéro apprécié, je leur adressai mon plus beau sourire.

Par la suite, le maître me pria souvent de raconter d'autres histoires : par exemple un des exploits d'Ulysse lors des voyages entrepris après le siège de Troie, une légende que je connaissais, une fable ou un conte populaire. Nous gardâmes cette habitude jusqu'au printemps, quand le maître se remit à peindre le portrait de Mona Lisa. Elle parlait toujours aussi peu et lui, absorbé par son travail, restait des heures à fixer la toile.

Un jour, aux environs de Pâques, avant de reprendre sa séance de pose, elle me tendit quelque chose :

– Voici une petite brochure que l'on vient d'imprimer en toscan. Tu y trouveras une histoire que ma mère avait l'habitude de me raconter lorsque j'étais enfant. J'aimerais l'entendre de nouveau. Voudrais-tu nous la lire ce matin, Matteo ?

Gêné, je baissai la tête. Mon maître intervint gentiment :

– Matteo préfère raconter ses histoires de mémoire.

Il m'avait tiré d'embarras, mais il m'adressa un regard sévère comme pour me dire : « Tu vois ! Tu as déçu la dame. Elle aurait pourtant aimé que tu lui lises cette histoire. » Ce jour-là, je racontai donc la mienne et, au moment de partir, je voulus lui rendre son livre.

– Non, Matteo, je te l'ai donné, tu peux le garder. J'aimerais que tu le conserves. J'espère que tu auras autant de plaisir à le lire que moi.

Je reculai maladroitement avec le livre dans les mains. J'interrogeai mon maître du regard pour savoir si je pouvais accepter ce cadeau. Il inclina la tête, releva un de ses sourcils et, tranquillement, il déclara :

– Remercie la dame.

Et tout en la remerciant, j'eus envie de pleurer.

Elle avait dû le remarquer car elle se détourna et adressa quelques mots à mon maître. Quelle grande dame, cette Mona Lisa. Certes, elle n'était pas née princesse ni reine, mais sa noblesse naturelle et sa délicatesse de sentiment en faisaient une personne au grand cœur.

Cette nuit-là, allongé sur mon lit, j'examinai l'ouvrage qu'elle m'avait donné. Je remarquai que j'étais capable de reconnaître certains mots tels que « le », « et », « de ».

Je plaçai mon doigt sous les lettres que je pouvais lire et je les prononçai à voix haute, en ânonnant. Soudain, ma vue se troubla, j'étais en train de pleurer.

Et je pleurai. Je pleurai en pensant à ma mère dont je ne me souvenais pas, au père que je n'avais pas eu et à ma grand-mère qui était morte. Je pleurai en souvenir de Rossana, mon premier amour, que j'avais perdue, de ses parents, de son petit frère. Je pleurai d'être loin d'Elisabetta et de Paolo. Et je pleurai sur ce qu'avait été ma vie, sur ce que j'avais perdu, sur toutes ces choses que je n'avais jamais eues. Je pleurai à cause de tous mes malheurs.

Le lendemain, je montrai le petit livre au scribe. Il le regarda avec attention.

– Comment te l'es-tu procuré ?

– Une dame me l'a offert.

– Quelle dame peut faire un tel présent à un jeune garçon comme toi ?

– Je ne dirai pas qui me l'a donné mais je ne l'ai pas volé.

– Je te crois, me répondit-il, mais cela m'intrigue beaucoup de savoir d'où il sort.

– Vous pouvez me faire voir ce qu'il raconte ?

Il commença à lire à haute voix.

– Non, pas comme ça. Montrez-moi ce qu'il dit et l'endroit où c'est écrit.

Il se mit à lire en plaçant son doigt sous chaque mot :

– « Dans une contrée lointaine, vivait un dragon »…

– Vous êtes sûr que ce sont les mots qui sont écrits sur cette page ?

– Naturellement que je suis sûr, s'indigna-t-il. J'ai appris avec le frère Anselme au…

– … au célèbre monastère de Saint-Benoît de Monte Cassino, poursuivis-je en terminant sa phrase. Je me souviens de votre brillante formation. Mais comment connaissez-vous la prononciation de chaque mot ?

– À cause des lettres qui le composent. Chaque lettre correspond à un son. Placées comme il le faut, elles arrivent à faire un mot.

– Et c'est tout ? m'étonnai-je. (Et je me mis à rire.) Ce n'est pas si difficile que ça.

– Ah, vraiment ? interrogea-t-il d'une voix douce.

– Oui. Mais continuez, s'il vous plaît.

– Il va falloir me payer pour cela.

Je sortis un des deniers offerts par mon maître pour l'Épiphanie.

– Bien sûr, je vais vous payer. Voici ce que je vous ai donné pour lire mes lettres.

– Ah, non, répliqua-t-il. Il ne s'agit pas seulement de lire quelques lignes. Tu m'as demandé autre chose.

– Qu'est-ce que j'ai demandé ?

– De t'apprendre à lire. C'est deux deniers l'heure de cours.

Je m'éloignai un peu pour compter mon argent.

– Combien de temps me faudra-t-il pour apprendre tous les mots que l'on doit connaître ?

Le scribe me répondit en souriant :

– Toute ta vie, Matteo.

CHAPITRE 41

Le projet commençait à prendre forme.

À l'abri des regards et sous la direction du maître, on vit peu à peu s'élever une élégante construction en bois recouverte de toile. Quelle aventure magnifique ! Je passais ainsi le plus clair de mon temps à aider Zoroastre à réaliser cette incroyable entreprise imaginée par mon maître. Nous nous mettions au travail dès l'aube et, avec l'arrivée du printemps, nous finissions tard le soir.

Il fut décidé que je resterais sur place. Au moment où je déménageais mes affaires, Felipe remarqua les petits bouts de papier sur lesquels le scribe avait écrit des lettres et des mots simples pour que je les retienne.

– C'est pour quoi faire, Matteo ?

Je jetai un coup d'œil autour de moi. Salai était parti avec Graziano au Palazzo Vecchio et Zoroastre et le maître étaient en grande discussion à l'autre bout de la pièce.

– Ce sont les lettres de l'alphabet, je dois les apprendre, répondis-je à Felipe tranquillement. Vous vous souvenez peut-être du scribe ? Vous savez, celui qui a répondu à la lettre de mon amie au début de l'hiver ? Je le paie pour qu'il m'enseigne la lecture. De cette façon, j'aurai déjà quelques connaissances quand vous m'aurez trouvé un précepteur…

Felipe prit son air sérieux.

– Je suis très content pour toi, Matteo.

Il n'ajouta rien de plus, mais le lendemain je découvris sur mon lit des feuilles de papier et un tableau des lettres de l'alphabet.

Le scribe n'était pas un maître très patient. Étudier avec lui était fastidieux et j'aurais voulu qu'il m'explique comment la forme de chaque lettre avait été choisie et qui avait décidé que tel son correspondrait à telle lettre. Et puis, j'aurais bien voulu comprendre comment les lettres formaient un mot.

Quand j'insistais, le scribe me tapait sur la tête avec ses doigts.

– Arrête de m'embêter avec tes questions, je ne peux pas te répondre, grommelait-il. Laisse entrer ce que je t'enseigne dans ta tête de mule. Fais comme je te dis ou je te jette dans l'Arno !

Mais je pense que tout cela ne devait pas lui déplaire. De temps en temps, j'arrivais à lui faire raconter sa vie. Ainsi nous étions plus proches l'un de l'autre. Petit à petit, ayant confiance en lui, je finis par lui révéler des choses de mon passé. Aussi, lorsque, tout naturellement, il me demanda d'où venaient les lettres que j'avais reçues, je lui parlai d'Elisabetta et des circonstances de notre rencontre.

Je n'imaginais pas que le scribe était un espion ni qu'il se servait de ces conversations pour recueillir des informations sur moi.

Le vieil homme cherchait surtout à connaître les activités de mon maître, mais j'eus la sagesse de ne pas parler de ce que je lui avais promis de garder secret. Le maître pratiquait de temps en temps des dissections ; ses notes et ses dessins rassemblaient quantité d'informations concernant le corps humain. Je n'avais plus peur comme à mes débuts, lorsque je l'accompagnais à la morgue d'Averne. J'oubliais mon dégoût et commençais à m'intéresser à ce qu'il faisait. Mais je n'en parlais pas au scribe et j'évitais de faire allusion à la mystérieuse machine que nous étions en train de fabriquer.

Zoroastre était ravi d'utiliser ses talents d'ingénieur. Voyant l'été arriver, il voulut absolument l'essayer ; un jour, je le surpris suppliant le maître :

– Elle peut voler, je vous dis qu'elle peut voler !

– Pas encore, Zoroastre, lui répondit-il.

Bien qu'amis depuis plus de vingt-cinq ans, ils n'arrêtaient pas de se chamailler. Zoroastre devenait tout rouge quand il se mettait en colère et son visage se couvrait de taches. Cela était dû en partie aux nombreux accidents provoqués par les mélanges de produits chimiques, mais également au peu de précautions qu'il prenait en travaillant à sa forge, lorsque les étincelles encore chaudes retombaient sur lui. Son visage était noirci et flétri, avec des traces de brûlures, et deux de ses doigts étaient coupés. Il avait cependant l'œil vif et son tempérament impulsif ressortait quand il essayait de persuader mon maître de faire voler sa machine.

– Regardez-le ! s'écria Zoroastre en montrant l'oiseau suspendu au plafond.

Le cadre bougea, faisant trembler la toile.

– Il s'impatiente, il a hâte de quitter son nid et de prendre son envol.

– Le moment n'est pas encore venu, Zoroastre, répliqua mon maître.

Se tenant sous la machine, il examinait l'endroit où devait s'asseoir le pilote.

– Il faut que la personne aux commandes soit bien droite dans son siège. C'est encore à mettre au point.

– Vous êtes vraiment têtu ! s'exclama Zoroastre.

– Non. Je suis seulement prudent.

Il lui posa la main sur l'épaule et ajouta :

– Rappelle-toi Giovani Battista Danti : l'année dernière, il a voulu tenter la même expérience et il est tombé du clocher sur le toit de l'église.

– Alors il faut s'élancer d'une colline, proposa Zoroastre, avant de poursuivre d'un air narquois : le mont Ceceri est tout près de Fiesole.

Nous savions que le maître aimait rendre visite à son oncle chanoine à Fiesole. Le voyant hésiter, Zoroastre insista :

– Vous avez toujours soutenu que, s'il dispose d'un bon matériel, l'homme peut voler. On ne peut imaginer meilleure machine volante.

– Je le crois aussi, mais je n'arrive pas encore à imiter les ailes d'oiseau, c'est trop compliqué.

– Il y a tellement de plumes, dis-je, elles sont séparées les unes des autres et pourtant elles forment un ensemble qui permet à l'oiseau de voler.

– Je vois que Matteo cherche à comprendre les mécanismes de la résistance à l'air, commenta mon maître.

Encouragé par cette remarque, je poursuivis :

– En observant les oiseaux, on se rend compte que ce sont les battements d'ailes qui permettent leur déplacement dans le ciel, hasardai-je. Et ils se servent des courants pour prendre de l'altitude. Mais je ne comprends pas comment ils arrivent à voler alors qu'ils sont plus lourds que l'air.

– Ils sont soulevés par la force de l'air, expliqua mon maître. Ils exercent une poussée et l'air leur oppose une force de résistance. Vois la façon dont un aigle, qui transporte un lapin ou un agneau dans ses serres, peut quand même s'élever assez haut dans le ciel.

J'examinai la machine et je m'inquiétai de savoir si vraiment elle serait capable de voler. Il me sembla impossible que l'air puisse résister à ce poids.

Soudain, je me rappelai le sycomore de Perela. C'était l'automne, au moment où les arbres perdent leurs feuilles. Nous étions dans la cour en train de jouer. Rossana et Elisabetta nous avaient demandé, à Paolo et à moi, de leur lancer les samares du sycomore. Le petit Dario criait de joie en voyant cette pluie de graines tomber sur sa tête. Mon maître, qui avait été témoin de la scène, nous expliqua que la forme des ailes permettait à la graine de tourner en vrille. Puis il nous proposa de fabriquer des petits bonshommes avec des brindilles et de les attacher avec un fil de laine. Il les fixa sur un morceau de tissu. Nous montâmes en haut de la forteresse et, de la fenêtre, nous jetâmes nos bonshommes ; nous les regardions tournoyer puis se poser sur le sol. Nous avions ri quand il avait affirmé qu'un jour l'homme en ferait autant et qu'il serait capable de s'élancer d'encore plus haut sans se fracasser le crâne.

– Grâce à cette machine, nous aurons la possibilité de nous élever dans les airs, tourner et voir les gens d'en haut, suggéra Zoroastre, sautant à travers la pièce, les bras écartés, tel un oiseau. Nous essaierons chacun notre tour et nous verrons bien lequel d'entre nous peut voler le plus haut. Qu'en dis-tu, Matteo ?

– Je veux bien essayer.

– Il faudrait quelqu'un de pas trop grand, remarqua Zoroastre en me faisant un clin d'œil, et pas trop lourd non plus.

– Non, objecta aussitôt mon maître, pas le garçon.

Zoroastre éclata de rire.

– Je ne voudrais surtout pas mettre en danger quelqu'un qui vous est cher.

– Toi aussi tu m'es cher, mon ami, lui assura le maître.

– Vous avez raison, il faudrait quelqu'un de plus fort que Matteo, concéda Zoroastre, et capable d'actionner les cordes de la poulie.

Puis, se découvrant, il déclara :

– J'ai l'honneur de me porter candidat pour être le premier homme volant du monde.

– Ce n'est pas encore au point, rétorqua mon maître, mais il paraissait moins convaincu.

– Si jamais vous décidez d'aller à Milan, poursuivit Zoroastre, il risque d'y avoir du monde pour assister à cette tentative.

– Tu as peut-être raison. Nous devons aussi tenir compte du temps. Si nous attendons après le mois de mai, il risque de faire trop chaud.

– Matteo s'y connaît, nota Zoroastre. À ton avis, fera-t-il chaud cet été ?

– Les bourgeons sont prêts à éclater, lui répondis-je. Et les oiseaux ont fait leur nid dans le haut des arbres, signe que nous allons connaître de fortes chaleurs, avec peu de vent.

– Vous avez étudié les climats, dit Zoroastre à mon maître. Vous connaissez les courants atmosphériques. À vous de décider. Mais pour moi, le moment est venu !

La machine volante m'inquiétait. Bien sûr, mon maître connaissait le phénomène des courants, mais j'avais entendu raconter l'histoire d'Icare, le fils de Dédale…

C'était il y a bien longtemps. Dédale était très intelligent et Minos, le roi de Crète, le chargea d'une tâche délicate. Il devait construire un labyrinthe dans lequel Minos voulait enfermer le Minotaure, un terrible monstre à tête de taureau et à corps d'homme. Une fois les travaux terminés, le roi Minos, craignant que Dédale ne révélât le secret du labyrinthe, s'empara de tous les bateaux pour l'empêcher de quitter la Crète avec son fils Icare. Dédale chercha un autre moyen de traverser la mer. Très ingénieux, il fabriqua des ailes pour son fils et pour lui. Un matin de bonne heure, Dédale et Icare s'élancèrent du haut d'une falaise. Dédale rasa les flots et atterrit sans difficulté en Italie. Mais Icare désira voler beaucoup plus haut. Le soleil montait dans le ciel. Icare s'éleva plus haut encore. Les rayons du soleil firent fondre la cire qui tenait attachées les ailes sur ses épaules. Icare s'abîma dans la mer et se noya. On raconte que ce n'est pas le soleil qui est responsable de la mort d'Icare. En fait, les dieux étaient très en colère contre lui car il avait osé voler.

Le soir, en regardant ce grand oiseau, je me souvins que mon maître n'avait pas voulu tenir compte de l'avertissement de Zoroastre ; il avait commencé à peindre la fresque un vendredi à treize heures. Zoroastre avait raison. Il n'est pas sage d'ignorer de tels présages, d'ailleurs la fresque avait été détruite. Les hommes ne sont pas faits pour voler. Dieu punit ceux qui ne respectent pas sa volonté. Si l'homme essaie de voler, le Créateur pourra le chasser du Ciel, le jeter à terre et l'anéantir.

CHAPITRE 42

Mon maître réajusta le voile de Mona Lisa pour la sixième ou septième fois. Je regardai plus attentivement la façon dont il couvrait ses cheveux. Pourquoi n'était-il pas satisfait alors que d'habitude ce voile tombait parfaitement bien ?

Les jours où le maître avait décidé de peindre son portrait, j'avais pour mission de m'assurer que Mona Lisa était prête et qu'elle avait revêtu la robe choisie. Elle entrait alors dans l'atelier accompagnée de sa servante, s'installait sur sa chaise et prenait la pose exactement comme elle l'avait fait les mois précédents. Le maître corrigeait certains détails qu'il estimait nécessaires et la séance commençait.

Parfois, il travaillait seulement une demi-heure, d'autres fois, une demi-journée ou plus. Il pouvait rester de longues minutes à l'observer ou à examiner la toile. Cela ne semblait pas la gêner. Plongée dans ses pensées, elle demeurait souvent silencieuse. Sortant de sa rêverie, il lui arrivait de lui adresser un mot ou deux et elle reprenait la conversation. Elle acceptait de rester sans parler mais, quand il la trouvait d'humeur mélancolique, il me demandait de raconter une histoire.

Qu'est-ce qui n'allait pas avec ce voile ? L'avait-elle mis trop en arrière ?

Il reprit son travail pendant quelques minutes, puis il s'arrêta de nouveau.

– Il faut me dire ce qui ne va pas, déclara le maître.

– Tout va bien, messire Léonard, lui répondit Mona Lisa.

– Non, vous paraissez troublée.

– Pas du tout.

– La dame que j'ai peinte sur ce tableau n'est pas celle qui est assise devant moi.

– C'est la même, je vous assure.

Il poussa un soupir et se remit à peindre.

Quelque chose avait changé en elle, c'était évident, mais quoi ? Je l'observai attentivement en essayant de la voir avec les yeux du maître. Elle avait la même robe ; ses cheveux, son voile, l'expression de son visage…

Elle s'adressa à sa servante qui assistait toujours aux séances de pose.

– Zita, vous pouvez aller vous reposer un peu puisque je suis en bonne compagnie. J'enverrai Matteo vous chercher quand j'aurai besoin de vous.

Quand Zita eut quitté la pièce, mon maître me chuchota :

– Matteo, je manque de blanc d'Alexandrie. Aurais-tu l'amabilité de retourner à l'atelier m'en chercher ?

Je le regardai avec étonnement. J'avais la charge de son matériel et je m'en occupais avec le plus grand sérieux. Il savait qu'il disposait d'une réserve abondante de blanc d'Alexandrie. D'ailleurs je le voyais de l'endroit où j'étais. Je m'apprêtai à le lui dire, mais le maître ne m'en laissa pas le temps :

– Celui dont j'ai besoin doit avoir été fraîchement préparé. Ne te presse pas. Reviens dans une heure.

Je disposais donc d'une heure. En prenant le chemin de San Lorenzo, je me demandai comment occuper mon temps. J'avais la possibilité de me rendre directement au monastère ; même si Zoroastre n'avait pas besoin de moi, j'aimais bien le voir travailler. Mais il faisait doux et je préférais rester dehors.

Je décidai donc d'aller voir le scribe. Il avait accepté de me donner des leçons en échange du beau papier offert par Felipe. Avec la première feuille, le scribe avait fait de très bonnes affaires à Noël et à l'Épiphanie : sa calligraphie et ses dessins des Rois mages avaient eu beaucoup de succès. Il mangeait mieux maintenant et sa vie était plus agréable.

Ce que j'avais pris d'abord pour une corvée était devenu peu à peu un plaisir. L'alphabet et les mots courants que j'avais appris rythmaient ma vie et j'aimais lire. Je commençais à prendre de l'assurance ; j'étais capable de reconnaître certains mots sur les affiches et les prospectus.

Je trouvai le scribe à l'endroit habituel, près du Ponte Vecchio.

– Salut, Matteo, s'exclama-t-il sans lever la tête, alors que je m'approchais de lui.

Pour quelqu'un de son âge, il avait l'ouïe très fine. Il faisait tellement partie du paysage que les gens oubliaient sa présence. Aussi, en écoutant les conversations, glanait-il des bribes d'information qu'il transmettait ensuite pour un peu de pain et un verre de vin. À la réflexion, c'était probablement la seule façon pour lui de ne pas mourir de faim.

J'attendis que le scribe eût fini d'écrire avant de sortir le petit livre offert par Mona Lisa.

– Tu en es où dans ta lecture ? me demanda-t-il.

– À la quatrième page et il y a six mots que je ne connais pas.

– Alors je t'écoute, lis-moi depuis le début, dit le scribe en mettant son papier à sécher.

– « Dans une contrée lointaine, vivait un dragon »...

Je lisais lentement.

– « C'était une bête féroce avec une très longue queue. Il possédait de grandes ailes rouges et son corps était couvert d'écailles. Il crachait des flammes en rugissant. Il avait des griffes acérées et il tuait tout ce qu'il rencontrait. »

C'était l'histoire de saint Georges et du dragon :

– « Ce dragon vivait dans un marais, près d'une ville. Tous les jours, les habitants lui envoyaient deux moutons pour le nourrir et l'empêcher ainsi de nuire. Mais un jour, les moutons vinrent à manquer et ils durent lui envoyer leurs enfants à la place. »

Je fis une pause pour reprendre mon souffle.

– Doucement, Matteo. Ne va pas trop vite.

– Mais j'ai hâte d'apprendre ce qui va arriver aux enfants.

Le scribe se mit à rire.

– Bien sûr que tu vas le savoir, continue.

En reprenant ma lecture, j'hésitai sur certains mots, mais, avec l'aide du scribe, je poursuivis :

– « Bientôt, il ne resta plus aucun enfant dans la ville, à l'exception de la princesse Cléodolinda, la fille du roi et de la reine. Ils pleurèrent amèrement en la voyant partir. Mais au moment où le dragon sortait du marais pour dévorer la princesse, un chevalier vêtu d'une armure étincelante apparut. C'était un saint qui s'appelait Georges et il était aussi fort que dix hommes. Depuis leur château, le roi et la reine regardèrent le dragon s'approcher de leur enfant. »

Je m'arrêtai pour admirer l'illustration où l'on voyait le roi et la reine sur les remparts du château, terrorisés par ce qui allait se dérouler sous leurs yeux.

– « Saint Georges, au grand galop, vola au secours de la princesse Cléodolinda. Il mit pied à terre et la détacha. Puis, la protégeant, il affronta le dragon. Il tira son épée et le frappa plusieurs fois. Mais les écailles du dragon rés… rés… »

– Résistèrent, me souffla le scribe.

– … « résistèrent », répétai-je.

Avec l'aide du scribe, je parvins à lire l'histoire jusqu'à la fin.

– « Mais les écailles du dragon résistèrent. Alors saint Georges remonta à cheval, prit sa lance et l'enfonça profondément dans le corps du monstre, sous l'aile, là où il n'y avait pas d'écailles. Le dragon, terrassé, tomba mort à ses pieds. C'est ainsi que la princesse et la ville furent sauvées. »

À la fin de ma lecture, j'étais essoufflé.

Le scribe me prit le livre des mains. J'attendis qu'il me fît des compliments. Mais il se contenta de déclarer :

– Il ne suffit pas de lire, il faut aussi apprendre à écrire.

– J'en connais beaucoup qui ne savent pas écrire.

– Ce sont des imbéciles.

– Pourquoi donc ?

– Réfléchis un peu. Lire te sera utile, mais si tu as besoin de remplir un contrat ou de faire des comptes par exemple, il vaut mieux savoir écrire. Si tu demandes à un écrivain public de rédiger une lettre à ta place, s'il est malhonnête, il peut très bien déformer le sens de ce que tu veux dire. Et si tu décides un jour d'écrire une histoire, de la poésie ou une chanson ? Comment quelqu'un d'autre que toi peut-il exprimer tes rêves et tes pensées ?

Au début, le scribe ne voulut pas me confier son encre et son papier.

– Je vais aller chercher un morceau d'écorce près de la rivière, m'expliqua-t-il, que tu tremperas dans de la suie mélangée à de l'eau.

Je m'entraînais donc, peu sûr de moi et m'arrêtant souvent. Le soir, à la lumière de la bougie, je m'exerçais avec la craie et le tableau que Felipe m'avait achetés. Le scribe était très sévère, il voulait que je forme bien mes lettres ; aussi devais-je les recopier au moins une trentaine de fois avant qu'il soit satisfait. Un jour, il me prépara de l'encre et une plume. Il m'annonça que le moment était venu pour moi d'écrire mon premier mot.

Quelque chose se passa en moi. Soudain il me sembla que les lettres se laissaient apprivoiser et je les trouvais bien moins compliquées. J'avais fini par les maîtriser.

Je copiai le mot qu'il avait écrit : la première lettre et ses longues courbes descendantes ornées de plumes vers le haut, les voyelles ventrues, les lettres jumelles au milieu du mot que l'on prononçait d'un ton sec.

Les lettres étaient là, ensemble elles formaient un mot et cela paraissait tellement évident.

Le mot se détachait clairement sur la feuille, il était aussi pur que le carillon d'une cloche par un matin d'hiver.

Matteo

CHAPITRE 43

Mona Lisa était enceinte.

Ce que ses médecins croyaient impossible était en fait arrivé. Quand elle avait perdu sa petite fille, deux ans plus tôt, elle avait cru ne plus jamais avoir d'enfant. Elle l'avait chuchoté à l'oreille de mon maître, quand nous étions dans cette pièce sans feu, devant la table où reposait le bébé mort.

Cette nuit-là, j'avais sorti le petit réchaud de la sacoche du maître et j'avais fait brûler un peu de charbon de bois pour fondre le bloc de cire qu'il avait apporté. Le maître avait recouvert les paupières et les lèvres du bébé d'un léger voile de lin et à l'aide d'une spatule, il avait enduit de cire chaude tout le visage de la petite. Une fois le masque sec, il l'avait enlevé puis enveloppé dans de la paille pour le transporter. Il avait ensuite demandé à Zita d'appeler sa maîtresse.

Mona Lisa avait alors laissé éclater sa douleur. Nous entendions ses sanglots alors que nous sortions de chez elle en cette nuit d'hiver.

Aussi ne voulait-elle pas avouer qu'elle était de nouveau enceinte avant d'être sûre d'avoir mis au monde un bébé bien portant.

Cela aurait pu dissuader mon maître de continuer à la peindre. Au contraire, il venait chez elle plus souvent, tôt le matin quand la lumière est plus douce et le soir avant la tombée de la nuit. Souvent, il ne peignait pas, il scrutait longtemps le tableau, ou bien il étudiait le visage de Mona Lisa, dont il faisait de nombreux dessins, en particulier de sa bouche et de ses yeux.

Sa grossesse était si discrète qu'au début, je ne l'avais pas remarquée. Mais petit à petit, apparurent des changements dans son maintien, que le maître essaya de saisir dans sa peinture.

Les séances de pose n'étaient désormais plus les mêmes. Son centre d'intérêt avait changé et peut-être ne souhaitait-elle pas qu'on lui rappelât le sombre désespoir dans lequel elle était jusqu'alors plongée. Elle nous montra ce qu'elle avait préparé pour la naissance de son enfant, ses habits et ses langes.

Un jour, le maître se rendit de lui-même Via della Stufa et prit le tableau. Il le rapporta au monastère, enveloppé d'une belle étoffe qu'elle avait dû lui donner. Il l'emporta quand nous allâmes vivre à Fiesole. Parfois, il le retouchait ;

souvent, il le regardait, l'air pensif, des heures entières.

Au cours de tous ses voyages et jusqu'à la fin de sa vie, jamais il ne s'en sépara.

CHAPITRE 44

Nous attendîmes le milieu de la nuit pour quitter la ville. La lune brillait et Felipe, pour ne pas attirer l'attention, avait pris soin de masquer les lanternes du lourd chariot qui transportait la machine volante. Avant le lever du jour, nous étions déjà sur la route de Fiesole, sans avoir éveillé l'attention des hommes en faction aux portes de la cité.

Felipe, inquiet de la situation financière de l'atelier, avait suggéré de partir car l'Assemblée de Florence avait cessé ses paiements ; elle avait même l'intention de demander le remboursement des sommes déjà versées. Averti par Zoroastre, le chanoine de l'église de Fiesole, l'oncle de mon maître, avait absolument tenu à nous accueillir. Il disposait d'assez de place pour nous tous.

Les deux puissants chevaux qui tiraient le chariot gravissaient la colline en peinant. Avec Zoroastre, nous tenions le cadre de la machine volante pour éviter que les cahots de la route qui montait en lacets ne l'endommagent. Comme le soleil se levait, Zoroastre se mit à chanter.

– Chut ! ordonna aussitôt Felipe, qui était assis devant. Nous sommes partis de nuit pour ne pas être vus, et tes braillements, on risque de les entendre à des lieues à la ronde.

– Tu es jaloux parce que je chante bien, répliqua Zoroastre en riant de toutes ses dents.

Mais il se tut. On n'entendit plus que les chevaux s'ébrouer et le bruit de leurs fers sur la route.

Le chanoine s'appelait don Alessandro Amadori. C'était l'oncle que tout enfant aurait aimé avoir. Généreux, d'un naturel agréable et gentil, il avait préparé des chambres et réservé un emplacement pour notre « grand oiseau » dans une grange, pas très loin de la maison et à l'abri des regards. Je devais y dormir afin de surveiller la machine.

Ce soir-là, à table, je remarquai que, pendant tout le temps du repas, le chanoine m'observait et je me sentis profondément troublé. Il parlait d'Isabelle d'Este, la marquise de Mantoue, la sœur d'Alphonse de Ferrare qui avait épousé Lucrèce Borgia.

– Cette femme sait que je vous connais, fit-il observer à mon maître, elle me demande sans arrêt de vous prier de faire son portrait. Je commence à penser que j'aurais mieux fait de ne pas la rencontrer à Ferrare, à l'occasion du mariage de son frère.

– Matteo était à Ferrare aussi, à cette époque-là, se rappela le maître.

J'acquiesçai timidement.

– Eh oui ! se souvint Felipe. Matteo nous a raconté que lors de son entrée triomphale dans la ville, la belle Lucrèce était tombée de cheval. Il nous a même décrit sa robe, bordée d'or et de pourpre.

Salai se pencha vers moi et me murmura à l'oreille :

– Maintenant, on va savoir à quel point tu mens.

– Tu as une fameuse mémoire, Matteo, remarqua le chanoine. Elle était habillée ainsi en effet. Et c'est vrai, sa monture s'est cabrée quand on a tiré des coups de canon. Et elle est remontée toute seule à cheval sous les acclamations de la foule.

Salai me lança des regards mauvais. Le chanoine enchaîna :

– Pourquoi étais-tu à Ferrare à ce moment-là ? Tu étais avec qui ?

– Avec ma grand-mère, parvins-je à répondre.

Mon maître me fixa longuement.

Je me rappelai trop tard lui avoir dit que ma grand-mère était morte avant que j'aille à Ferrare.

– Alors j'aurais pu te voir, déclara le chanoine. C'est pour cette raison que j'ai l'impression de te connaître, ton visage m'est vraiment familier.

Je sentis mon cœur battre très fort. Il m'avait donc déjà vu. Que savait-il exactement ? Connaissait-il le prêtre qui m'avait donné le sceau des Médicis ? Était-il caché quelque part lors de ma première rencontre avec le père Albieri ?

Mais le chanoine sembla se désintéresser de moi.

– Ferrare a choisi de défier le pape et risque de le payer cher si son armée est vaincue, commenta Felipe.

– D'autre part, on prétend que Francis Gonzague de Mantoue, gonfalonier des armées du pape, est amoureux de Lucrèce. Espère-t-elle en tirer avantage ? demanda mon maître.

– Ce serait une façon plus agréable d'agir que celles employées par son frère.

– César Borgia était un bon prince, affirma Felipe.

Cette remarque me fit sursauter.

– Ces petits roitelets avec leurs fiefs, que l'on peut facilement acheter, finissent par nous diviser et l'Italie risque d'être livrée à n'importe quel envahisseur, poursuivit Felipe. Leur seule préoccupation est de s'enrichir et ils se soucient peu de savoir comment leurs États seront gouvernés. Quand Le Valentin a imposé sa loi, il a lui-même nommé des magistrats et des juristes, et les affaires sont devenues florissantes.

De retour à la grange, je vis le soleil se coucher dans la vallée. L'ocre des murs et le rouge des toits de Fiesole rivalisaient avec les couleurs de la nature. Depuis l'endroit où j'étais, je voyais la rivière, les champs et les arbres ainsi que, dans le lointain, les tours et les clochers de Florence.

La beauté du spectacle parvint à dissiper mon inquiétude. Mais un dernier coup devait m'être porté.

Graziano, qui était resté au monastère pour régler certaines affaires, arriva tard à Fiesole. Parmi les choses qu'il rapportait, il y avait une lettre pour moi.

Il vint me chercher dans la grange.

– Matteo, je dois t'annoncer une bien mauvaise nouvelle, un grand malheur est arrivé au vieux scribe du Ponte Vecchio.

– Quel malheur ? Qu'est-il arrivé ?

– Je suis désolé de te l'apprendre, Matteo, car je sais qu'il était ton ami. Il est mort.

– Il était vieux et fragile, avançai-je.

– On l'a retrouvé flottant dans l'Arno, dit Graziano avec douceur.

– Il abusait parfois du vin.

– Oui, mais…

– Et le courant était rapide. (Je continuai pour ne pas le laisser parler.) Les orages de ce printemps qui se sont abattus sur les montagnes ont grossi les eaux. Il sera tombé dans la rivière. Bien qu'il fasse jour tard à cette époque-ci, ce n'est pas très éclairé pour rentrer chez lui. Il n'y a que quelques flambeaux dans cette partie de berge. Dans le noir, il aura glissé et il sera tombé à l'eau.

– Il n'est pas mort noyé, semble-t-il.

Je ne vis pas le gouffre qui s'ouvrait sous mes pieds.

– Il a dû se noyer, insistai-je.

– Matteo, le gardien de nuit croit qu'il a été mêlé à une affaire de vendetta. Il a dû refuser de parler et on l'a tué. Mais ce qui lui est arrivé est très étrange. Quand on a repêché son corps, ses yeux avaient été arrachés.

CHAPITRE 45

Ses yeux avaient été arrachés comme avec une gouge. Quelle mort affreuse !

Tout cela parce que le scribe avait refusé de parler. Mais de quoi s'agissait-il ? Du lieu qu'il occupait au pied de la tour, il voyait tout et il entendait tout. Un jour, il m'avait montré comment le son parvenait jusqu'à lui, depuis l'endroit où les gens étaient obligés de passer, lorsqu'ils quittaient la rue pour s'engager dans l'étroit passage conduisant au pont.

La connaissance comporte parfois des dangers, nous avait prévenus le père Bénédict, le moine de la morgue d'Averne.

Qui avait poursuivi le scribe ? Pourquoi l'avait-on tué ?

Je tenais encore la lettre transmise par Graziano. Elle devait être d'Elisabetta. Personne d'autre ne m'écrivait. Mais elle n'était pas de sa main. Je connaissais pourtant cette écriture.

Soudain je compris qu'il s'agissait d'un message écrit par le scribe :

Matteo, si c'est bien ton nom, je t'écris pour te prévenir qu'un grave danger te menace.

Il faut quitter Florence au plus vite, pars loin d'ici. Ne me dis pas où tu vas, n'essaie pas de me revoir. Moi aussi, je pars. Il y a quelque temps, un homme est venu à Florence, il recherchait un garçon correspondant à ton signalement. Par le passé, quand je n'avais pas de quoi manger, j'ai vendu des renseignements à un espion qui me payait pour ce travail. Cet espion m'a prévenu qu'un homme voulait me poser des questions à ton sujet. Je dois le rencontrer ce soir près de la rivière. Mais je n'irai pas à ce rendez-vous car je l'ai aperçu hier près du pont, il avait l'air très méchant et les ongles de ses pouces sont si longs qu'on dirait des griffes.

Il vaut mieux ne plus nous voir et faire comme si l'on ne se connaissait pas. Je te souhaite bonne chance. Tu es un garçon intelligent, Matteo, surtout, continue à apprendre.

Sois prudent.

Le scribe gaucher

J'eus un frisson d'horreur.

« Un homme qui a les ongles des pouces si longs qu'on dirait des griffes. »

Sandino ! Ce ne pouvait être que lui.

Je pensai aux lettres d'Elisabetta. Le scribe les avait lues et il savait ce qu'elles contenaient. Je me frappai le front: le scribe connaissait ces lettres à cause de mon orgueil et de mon refus obstiné d'apprendre à lire. Le scribe était un homme intelligent. Il avait dû retenir les noms, les endroits dont Elisabetta parlait et tout ce qui permettrait à Sandino de me retrouver. Je sortis mon courrier et constatai qu'Elisabetta avait en effet mentionné les noms de Melte et de Perela. Mes mains tremblèrent. Le scribe avait-il dit à l'homme où je travaillais ? Qu'avait-il révélé exactement avant d'être assassiné ?

Le jour se levait et je n'avais pas fermé l'œil. Mais je n'eus pas le temps de réfléchir à ce que j'allais faire. J'entendis du bruit dehors. Zoroastre fit irruption dans la grange.

– Il est d'accord ! Il est d'accord ! cria-t-il en me soulevant dans ses bras. Nous allons l'essayer aujourd'hui ! L'oiseau va s'élever dans le ciel ! Nous allons voler, Matteo. Nous allons voler !

Nous transportâmes la machine volante en haut de la colline, après les bois et la carrière.

– Tu dois courir vite pour te lancer, conseilla mon maître.

Zoroastre fit oui de la tête et il s'attacha avec le harnais. Ses bras musclés de forgeron se saisirent des montants, ses veines étaient gonflées.

Il se concentra, puis il se mit à courir. Nous courûmes avec lui. Ce diable de bonhomme courait vite. Nous arrivâmes au bord de la falaise. Soudain, je me rendis compte qu'emporté par mon élan, je n'allais pas pouvoir m'arrêter. Je sentis une main empoigner ma tunique. C'était Felipe. J'entendis le tissu se déchirer au moment où je perdais l'équilibre. Mon maître me rattrapa par la ceinture et me tira en arrière.

Après une descente en piqué, Zoroastre et la machine disparurent. Nous nous jetâmes à terre et nous avançâmes en rampant. Porté par les vents, il avait pris de l'altitude. Nous l'entendîmes crier de joie et s'émerveiller de son exploit.

Il volait, Zoroastre avait réussi à voler.

Mais les vents, qui lui avaient été favorables, poussaient les nuages dans sa direction : des éclairs déchiraient le ciel et on entendit gronder le tonnerre. Une saute de vent soudaine balaya la falaise. Nous vîmes alors l'oiseau blanc emporté par les courants et ballotté comme un fétu de paille.

Zoroastre alla s'écraser en contrebas.

Il mit cinq jours à mourir.

Mon maître marchait à grandes enjambées dans la grange et jetait tout ce qui lui tombait sous la main.

– Il faut détruire toutes ces choses ! Cachez-moi tout ça ! Je ne veux plus jamais en entendre parler !

Il devait être bouleversé de perdre ainsi son ami, lui qui connaissait si bien le corps humain et qui pourtant était incapable de le soigner ; mais il ne montra pas son chagrin.

Le chanoine lui administra les derniers sacrements et implora le Seigneur d'abréger ses souffrances.

– Donnez-moi une dague que j'en finisse ! Apportez-moi ma hache ! Je vous en supplie ! hurlait Zoroastre dans sa douloureuse agonie.

– Matteo, dit Graziano, ne connais-tu pas une plante ou une potion susceptible de le soulager ?

– Cherchez-moi des coquelicots, proposai-je.

– Ça l'aiderait ?

– Je peux faire une infusion mais…

– Mais quoi ? me demanda le maître d'un air grave.

– C'est très dangereux.

Il réfléchit :

– Tu penses que cela pourrait lui être fatal ?

– Oui.

– Nous allons t'apporter ce que tu demandes, promit-il en quittant la pièce.

Il ne nous appartient pas de donner la mort ; la nature nous accorde la vie et c'est à elle de nous la reprendre. J'en étais convaincu et j'en fis part au maître.

– Prépare la potion, Matteo, nous cherchons seulement à soulager la douleur. Je la lui donnerai moi-même.

Je regrettais de ne pas avoir avec moi les notes de ma grand-mère, j'aurais pu les utiliser, même si je me rappelais parfaitement bien la composition de ce breuvage.

Je me souvenais en effet du jour où ma grand-mère avait préparé cette mixture. Peu de temps avant sa mort, un inconnu était venu la voir. Lorsqu'elle l'avait entendu arriver, elle m'avait ordonné de rester caché dans la roulotte. Mais j'avais voulu savoir ce qu'ils se disaient. Je l'avais entendue dire :

– Je ne veux pas d'histoires.

– Alors donne-moi ce que je veux.

L'homme tenait un couteau. Ma grand-mère restait calme. Ils s'étaient rendu compte que je les regardais.

– Mon garçon, m'avait-elle dit alors d'une voix angoissée, retourne dormir.

– Qui est-ce ? avait-il demandé.

– Un de mes enfants.

– Tu es trop vieille pour avoir un enfant de cet âge.

– C'est un enfant trouvé.

– Comment s'appelle-t-il ?

– Carlo.

– C'est un gosse de bohémien ?

Elle avait approuvé d'un signe de tête. Pourtant, je ne m'appelais pas Carlo, mais Janek. Alors pourquoi ma grand-mère lui avait-elle menti ? Elle m'avait poussé sans ménagement à l'intérieur de la roulotte, elle m'avait donné des bonbons et m'avait chuchoté à l'oreille :

– Pour l'amour du Ciel, je t'en supplie, tais-toi.

L'homme était reparti en emportant la potion.

Aussitôt après, ma grand-mère avait décidé de quitter les lieux. Je l'avais entendue marmonner :

– Il était temps de toute façon. Il faut s'en aller.

Nous avions suivi un chemin accidenté, à peine praticable en roulotte. Nous avancions sur un terrain rocailleux, sans laisser de traces de notre passage. Nous ne fîmes pas de halte, ni pour manger, ni pour nous laver, et nous ne laissâmes rien derrière nous. Toute la nuit, ma grand-mère encouragea notre cheval, car malgré la difficulté de la route, nous ne devions pas nous arrêter. Nous passâmes la journée dans une forêt à l'abri des regards. Malgré le temps froid, nous n'allumions pas de feu et elle attendit d'être de l'autre côté du col, près d'un endroit qui s'appelait Castel Barta pour se sentir en sécurité ; là, elle était tombée malade.

Je pensais à tout cela en préparant la potion pour Zoroastre. C'était exactement cette mixture que l'inconnu avait réclamée à ma grand-mère : elle soulageait la douleur, faisait dormir, et tout doucement, la mort survenait.

Après l'enterrement de Zoroastre, mon maître confia à Felipe :

– Ma décision est prise : la fresque est détruite et Mona Lisa n'a plus besoin de moi. Je vais demander aux Français d'intervenir auprès de l'Assemblée de Florence pour annuler notre contrat. Ensuite, je partirai pour Milan.

Salai nous précéderait avec des lettres de recommandation ; il chercherait également un logement.

– Et toi, Matteo ? me lança-t-il d'un air innocent. Que vas-tu faire ?

– Je ne vois pas ce que tu veux dire.

Dans mon esprit, je devais les accompagner à Milan.

– Je ne pense pas que notre maître a besoin d'un serviteur aussi inculte que toi.

– Je ne suis plus inculte maintenant, répliquai-je d'un ton vif.

– Tu ne sais même pas lire ni écrire, se moqua Salai. C'est un secret de Polichinelle, tout le monde sait que tu es un ignorant. Tu nous fais bien rire avec ton histoire de lettres, on sait bien que tu es incapable de les lire.

– Eh bien, il va falloir que tu trouves autre chose si tu veux absolument rire, parce que maintenant je sais lire.

Je sortis le livre offert par Mona Lisa :

– Regarde, c'est l'histoire de « Saint Georges et le dragon ». En voici le début : « Dans une contrée lointaine, vivait un dragon »…

Salai arbora un sourire méprisant :

– On sait que tu peux retenir de longs passages avec des mots difficiles. Un jour, j'ai entendu le maître en parler à Felipe. Il disait que tu étais capable de raconter une histoire sans te tromper, même si tu ne l'avais entendue qu'une seule fois. Il en était vraiment étonné. Eh bien moi, ce qui m'étonne, c'est de voir à quel point tu peux être bête.

– Je ne vais certainement pas essayer de te prouver ce que j'affirme, m'écriai-je.

– Mais moi, je voudrais bien que tu me le prouves, déclara une voix calme derrière nous.

Salai se retourna brusquement. Depuis combien de temps le maître était-il là ? Qu'avait-il entendu de cette conversation ?

Ignorant Salai, le maître alla à son bureau et prit une plume.

– Allons, Matteo, fais-moi voir comment tu écris.

La main tremblante, j'écrivis mon nom : *Matteo*.

Puis il me tendit un livre qu'il ouvrit au hasard :

– Maintenant, lis.

En hésitant sur les mots, je parvins à déchiffrer quelques lignes.

– C'est bien, me félicita-t-il en réprimant un sourire. Mais cela pourrait être beaucoup mieux. Si vraiment tu veux m'accompagner à Milan, il faut me promettre d'accepter que je fasse ton éducation.

J'acquiesçai en pensant à la lettre du scribe.

– Je ne t'ai pas entendu répondre.

– Je vous le promets.

– Très bien, nous y veillerons, déclara-t-il en quittant la pièce.

Précédés par Salai qui partit le lendemain, nous prîmes le chemin de Milan dans les premiers jours de juin 1506.

À suivre

L’aventure de Matteo
se poursuit
dans un deuxième épisode :
L’Espion des Borgia.

Matteo a grandi : il a quinze ans et décide de quitter Léonard de Vinci. Car Matteo veut se battre : contre les Français qui envahissent l’Italie, contre les armées du pape… Il découvre la guerre mais aussi les intrigues de cour, auprès de la belle Lucrèce Borgia et de la troublante Éléonore d’Alcato. Et partout, il doit se méfier de ses ennemis qui veulent toujours lui reprendre le fameux sceau des Médicis…

POUR EN SAVOIR PLUS

Borgia (p. 24) : cette famille de la noblesse italienne eut une grande influence politique à la Renaissance. Accusée par ses opposants de corruption et de meurtres, elle symbolise la décadence de l'Église à la fin du XVe et au début du XVIe siècle. Rodrigo Borgia (1431-1503), père de Lucrèce et de César Borgia, devient pape sous le nom d'Alexandre VI de 1492 à 1503. Très contesté et accusé de corruption, il n'en est pas moins un grand mécène.

Lucrèce Borgia (1480-1519) est célèbre pour ses mœurs légères et sa beauté. Après trois mariages « politiques » avec Giovanni Sforza, Alphonse d'Aragon et Alphonse d'Este, elle devient protectrice des arts à Ferrare.

César Borgia, dit « Le Valentin » (1475-1507), conquiert la Romagne (région de la plaine du Pô) en 1501 sans hésiter à recourir à la violence. Il élimine la plupart des princes de la région pour asseoir son autorité. Présenté comme le tyran par excellence, il sert de modèle au Prince de Machiavel. Sa devise *Soit empereur, soit rien*, est restée célèbre.

Léonard de Vinci (1452-1519) (p. 12) : ce génie universel s'intéresse à toutes les disciplines : anatomie, architecture, armes, astronomie, biologie, cartographie, céramique, chimie, dessin, géographie, géologie, mathématiques, mécanique, musique, optique, peinture, physique, sculpture… Il est en cela un symbole de la Renaissance, qui prônait un savoir universel et humaniste, parfois en s'opposant aux autorités. Il a par exemple créé l'anatomie en disséquant des cadavres dans le plus grand secret pour échapper à l'Inquisition.

Outre sa légendaire curiosité intellectuelle et son côté visionnaire (il a imaginé des machines volantes et sa « vis aérienne » n'est pas sans rapport avec un hélicoptère), Léonard de Vinci est surtout célèbre pour ses peintures parmi lesquelles *L'Annonciation* (1473), *La Cène* (1495-1498) et *La Joconde* (1503-1507). Après avoir rencontré le roi François Ier en Italie, il accepte de le suivre en France. Il y devient « premier peintre et architecte du roi » peu avant sa mort.

Voir aussi *Mona Lisa*.

Médicis (p. 142) : puissante famille de Florence qui, à la Renaissance, s'illustre d'abord dans la banque en créant plusieurs compagnies en Italie (à Florence, Venise, Rome, Pise, Milan) puis dans toute l'Europe (Lyon, Avignon, Genève, Bruges). L'activité des Médicis s'étend ensuite au commerce (épices, laine, fourrure, huile d'olive) et à la politique. Laurent de Médicis, dit « le Magnifique » (1449-1492), gouverne Florence durant l'âge d'or de la Renaissance italienne. Petit-fils de Cosme de Médicis, le fondateur de la « dynastie », il veut faire de Florence la capitale intellectuelle du monde en y invitant tous les artistes de l'époque, afin qu'ils y réalisent leurs chefs-d'œuvre. Mais ses dépenses ruinent la banque familiale.

La dynastie comprend également trois papes et deux reines de France. Catherine de Médicis (1519-1589) épouse le roi de France Henri II et devient régente en 1560 ; elle joue un rôle politique essentiel durant les guerres de Religion. Marie de Médicis (1573-1642) épouse le roi de France Henri IV en 1600 et devient elle aussi régente en 1610.

Machiavel, Nicolas (1469-1527) (p. 142) : diplomate et penseur italien de la Renaissance, spécialiste de la politique et de la guerre. Son contemporain César Borgia lui sert de modèle pour écrire *Le Prince*. Dédié à Laurent de Médicis, cet ouvrage est pour Machiavel un appel à la réunification de l'Italie sur fond de théories républicaines. Les termes

« machiavélisme », « machiavélique » dérivent de son nom et désignent les calculs parfois retors de certains pour garder ou conquérir le pouvoir.

Michel-Ange (1475-1564) (p. 266) : architecte, peintre, sculpteur et poète italien. Avec Léonard de Vinci, il symbolise l'artiste complet de la Renaissance. Son œuvre la plus célèbre est sans conteste le plafond de la chapelle Sixtine au Vatican.

Mona Lisa, dite « La Joconde » (p. 256) : œuvre la plus célèbre de Léonard de Vinci, qui représente le portrait de Lisa Gherardini, épouse de Francesco di Bartolomeo del Giocondo, riche marchand de soie de Florence.

Réalisée entre 1503 et 1507, *La Joconde* est un tableau mythique, considéré comme l'aboutissement des recherches sur le portrait au XVe siècle. En outre, le sourire et le regard énigmatiques de « Mona Lisa » continuent de fasciner le monde entier. Le tableau suivit Léonard de Vinci en France lorsqu'il répondit à l'invitation de François Ier. À la mort du peintre, « Mona Lisa » resta dans notre pays, raison pour laquelle on peut encore l'admirer au musée du Louvre à Paris.

QUELQUES REPÈRES…

1452 : naissance de Léonard de Vinci.
1469 : naissance de Nicolas Machiavel.
1475 : naissance de César Borgia.
1483 : Charles VIII, roi de France.
1492-1503 : Rodrigo Borgia pape, sous le nom d'Alexandre VI.
1494 : fuite des Médicis de Florence. Jérôme Savonarole instaure la république à Florence.
1498-1515 : Louis XII, roi de France.
1498 : Jérôme Savonarole est condamné à mort, mais la république se maintient à Florence
1503-1513 : Giuliano Della Rovere pape, sous le nom de Jules II.
1507 : mort de César Borgia.
1512 : fin de la république à Florence, retour des Médicis au pouvoir.
1515-1547 : François Ier, roi de France.
1516 : Léonard de Vinci quitte l'Italie pour s'installer en France. Il meurt en 1519.

POUR ALLER PLUS LOIN...

Romans et récits

BENZONI, (Juliette), *Suite italienne*, Pocket, 2006.

LOUPY (Christophe), *Piège à Venise*, Pocket jeunesse, 2004.

MOTSCH (Élisabeth), *Le jardin d'amour amer*, coll. « Medium », L'École des loisirs, 1999.

PERCIN (Anne), *Servais des collines, fils de Christophe Colomb et Gutenberg*, Oskar Jeunesse, 2007.

SAFA (Karine), *Au temps de la Renaissance : Lorenzo, Florence, 1469-1472*, coll. « Le journal d'un enfant », Gallimard jeunesse, 2006.

SAINT-BRIS (Gonzague), *L'enfant de Vinci*, coll. « Le Livre de poche », LGF, 2007.

Livres documentaires

COPPIN (Brigitte), *La Renaissance : voyage dans l'Europe des* XVe-XVIe *siècles*, Autrement jeunesse, 2005.

JUSSEAUX (Patrick), PRUNIER (Jame's), *Sur les traces de Léonard de Vinci*, coll. « Sur les traces de... », Gallimard jeunesse et Musée du Louvre, 2003.

KERBRAZ, *Léonard de Vinci, quel génie !*, coll. « Grand-père… raconte ! », Rocher jeunesse, 2005.

LACAS (Martine), *Artistes à la Renaissance*, coll. « La vie des enfants », La Martinière jeunesse, 2005.

LABBÉ (Brigitte), PUECH (Michel), *Léonard de Vinci*, coll. « De vie en vie », Milan jeunesse, 2005.

PERNOT (François), *La Renaissance*, Fleurus, coll. « Voir l'histoire », 2007.

TOSCANO (Gennaro), *Léonard de Vinci et la Renaissance italienne*, Hachette jeunesse et Musée du Louvre, 2003.

Bandes dessinées

JUNG (Hae-Yiong), SHIN (Young-Hee), *Histoire des sciences en BD* : volume 3, *Le Moyen Âge et la Renaissance* (traduit du coréen par Loïc et Suk

Tes héros dans l'Histoire

– 3000 av. J.-C. 476 apr. J.-C.

Préhistoire | Antiquité | Moy

Rahan
La Guerre du feu

Astérix et Obélix
Gladiator

Les chevalier
Notre-D

Gendry, sous la direction de Park Sung-rae), coll. « DocuBD », Casterman, 2007.
PASARIN (Fernando), WEBER (Patrick), *Les fils de la louve : la louve du Vatican* (vol.3), Le Lombard, 2007.

Films

Léonard de Vinci, Renato Castellani, 1974.
Borgia ou le sang doré, Alain Dhenault, 1977.
Léonard de Vinci, Jacques Rigaud, 2000 (film d'animation).
Borgia, Neil Jordan, prochainement.

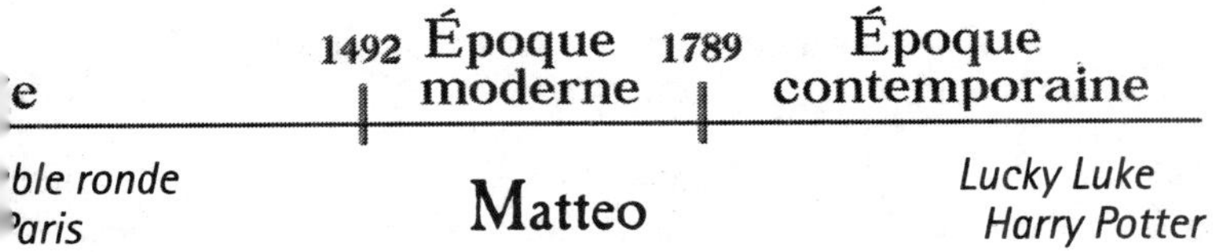

Le glossaire, la chronologie et la bibliographie
sont de la seule responsabilité des Éditions Milan.

Achevé d'imprimer par Novoprint
en Espagne

Dépôt légal : 3e trimestre 2007